数字看世界

2000个让人惊叹的冷知识

[英]史蒂夫·马丁　克莱夫·吉福德　玛丽安娜·泰勒 文
[英]安德鲁·平德 图
胡 炜 译

少年儿童出版社

图书在版编目(CIP)数据

数字看世界 /(英)史蒂夫·马丁,(英)克莱夫·吉福德,(英)玛丽安娜·泰勒文;(英)安德鲁·平德图;胡炜译.—上海:少年儿童出版社,2021.10
ISBN 978-7-5589-1058-6

Ⅰ.①数… Ⅱ.①史…②克…③玛…④安…⑤胡… Ⅲ.①科学知识—少儿读物 Ⅳ.①Z228.1

中国版本图书馆CIP数据核字(2021)第155735号

著作权图字:09-2020-538
The World In Numbers, by Steve Martin, Clive Gifford and Marianne Taylor
Copyright ©Buster Books 2013, 2017
First published in Great Britain by Buster Books, an imprint of Michael O'Mara Books Limited
All rights reserved.
Simplified Chinese rights arranged through CA-LINK International LLC

数字看世界

[英]史蒂夫·马丁
[英]克莱夫·吉福德　文
[英]玛丽安娜·泰勒

[英]安德鲁·平德　图

胡　炜　译

陈艳萍　装帧

出版人　冯　杰
责任编辑　王浩浩　　美术编辑　陈艳萍
责任校对　黄　岚　　技术编辑　谢立凡

出版发行　上海少年儿童出版社有限公司
地址　上海延安西路1538号　邮编 200052
印刷　上海雅昌艺术印刷有限公司
开本 787×1092　1/16　印张 8
2021年10月第1版　2021年10月第1次印刷
ISBN 978-7-5589-1058-6 / N·1187
定价 48.00元

版权所有　　侵权必究

目录

80 第一次世界大战中最成功的战斗机飞行员里希特霍芬（Manfred von Richthofen）击落了80架飞机。

5% 世界上的海洋已被人类探索过的部分大约只有5%。

4

110.4 制作古埃及法老图坦卡蒙（Tutankhamun）的棺材用了110.4千克纯金。

12

引言	2
巨大的宝藏	4
恶心的食物	6
月球	8
妈妈和宝宝	10
绝妙的盛宴	12
欧洲	14
泰坦尼克号	16
超级蛇	18
制作音乐	20
蔚蓝深海	22
神话和传说	24
狂野的猫科动物	26
狂野西部时代	28
澳大利亚和大洋洲	30
植物和树木	32
非凡的君主	34
了不起的科技	36
聪明的蜜蜂	38
恶劣的天气	40
古埃及	42
疯狂的建筑	44
战争与军队	46
恒星和行星	48
傻乎乎的虫子	50
北美洲	52
恐龙	54
神奇的时尚	56
可怕的死亡	58
庞大的机器	60
危险的动物	62

罗马人	64
惊奇的冒险	66
北极和南极	68
鱼类和海洋生物	70
人体	72
美丽的鸟儿	74
南美洲	76
马戏团杂技	78
走向地下	80
骑士和城堡	82
完美的灵长动物	84
死里逃生的故事	86
雨林	88
非洲	90
太阳	92
头发和皮毛	94
疾病	96
维京人	98
玩具和游戏	100
美食的真相	102
历史建筑	104
亚洲	106
令人惊诧的艺术	108
海盗	110
酷酷的洞穴	112
自然灾害	114
超级体育	116
太空旅行	118
有趣的节日	120
数字	122

84

500 神话中的鸟,即我们所称的凤凰,其寿命有500年。

58 小丑可可(Coco the Clown)所穿的巨大的小丑鞋有58码大。

42

50 一名中世纪骑士的盔甲重量可达50千克。

150

数字看世界

2000个让人惊叹的冷知识

[英]史蒂夫·马丁　克莱夫·吉福德　玛丽安娜·泰勒 文
[英]安德鲁·平德 图
胡 炜 译

引 言

你准备好被数字搞晕、被事实和数据吓呆了吗？

1 海象的长牙能长到1米长。

这本书将带你坐过山车——穿越历史，周游世界，进入动物王国，飞入外太空及更多地方！

21

1 普鲁士国王腓特烈二世（King Frederick Ⅱ）晚年除了军装之外，只有1套行头。

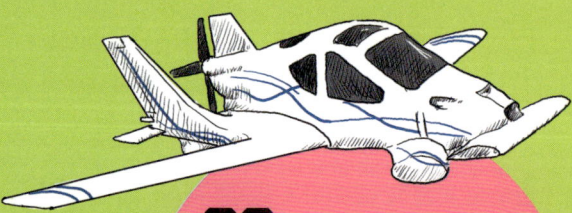

90 特拉福嘉公司（Terrafugia）的"飞跃"（Transition®）飞行汽车着陆后，收起机翼只需90秒或更短的时间，然后它就会像普通汽车一样飞驰而去。

42

536 2001年，美国航天员赫尔姆斯（Susan Helms）和沃斯（Jim Voss）在宇宙飞船外进行了536分钟的太空行走。

59 所有在售的汽车中，最小的车重量仅有59千克。

4

每一页都充满令你着迷的事实，多得让你无法想象。你所获得的新知识，会让你的朋友对你刮目相看。无论你是翻来翻去，挑出最想看的那一类，还是从头到尾阅读每一页，你肯定会发现许多事实，以至于让你惊叹："哇！"

56.7 美国加利福尼亚州死亡谷最高气温曾高达56.7℃。

13

900 有记录以来，最大的非洲大蜗牛重达900克。

你还在等什么？来扎个猛子，去数字海洋中发现世界吧。

巨大的宝藏

20 把世界上所有已发现的黄金放在一起,可以搭成一个长、宽、高各为20米的立方体。

4600万 珠宝商格拉夫(Laurence Graff)为购买一颗美丽的粉红色钻石,支付了4600万美元,这颗钻石的绰号就是"格拉夫粉"。

100 000 在加拿大克朗代克河地区发现黄金之后,100 000人加入了19世纪著名的淘金热。

1 美国的1座钻石矿可以让你当一天钻石矿工。在这一天,美国的钻石坑州立公园(The Crater of Diamonds State Park)允许你在那里开采,并保留任何你能找到的钻石。

1亿 2003年,比利时安特卫普钻石中心发生了一起著名的抢劫案,价值1亿美元的钻石和珍贵的宝石遭到抢劫,至今仍没有找到。

3245 英国考古学家卡特(Howard Carter)在1922年发现了古埃及法老图坦卡蒙墓的宝藏,此时这位法老已经在地下安眠了3245年。

105 1905年在南非发现的卡利南(Cullinan)钻石是迄今为止发现的最大的钻石,它被切割成了105颗小钻石。这些钻石现已成为英国王冠上的一部分。

4350 1540年,有4350人出发去南美洲探险,寻找传说中的宝藏。传说,失落之城的人们在酋长埃尔·多拉多(El Dorado)的带领下,将财宝抛入湖中供奉神灵。这个城市从未被找到过。

7 590 020 在2002年的一次拍卖中,美国一枚1933年的双鹰金币拍出了7 590 020美元的价格。

80% 全球80%的黄金仍然埋藏在地下,等待发掘。

60 世界上有60个国家有金矿。

24 香港恒丰金业科技集团的展厅里存放着一个24开黄金制成的全尺寸黄金马桶。

50,8 19世纪末20世纪初,一位名叫法贝热(Peter Carl Fabergé)的工匠在俄国皇室制作了50枚珠宝彩蛋,其中8枚已丢失。每个法贝热彩蛋都装饰精美,因此丢失的彩蛋价值数千万美元。

181 世界上最贵的圣诞树装饰有181件珠宝。

6.4 迄今发现的最大的珍珠重达6.4千克。

600 000 2007年,在西班牙海岸附近发现了一艘17世纪的沉船,在这艘名为"黑天鹅"号(Black Swan)的沉船上打捞出了600 000枚银币。

200 据说哥斯达黎加附近无人居住的科科斯岛（Cocos Island）上埋藏有200个装满珠宝、金冠和数百根金条、银条的箱子，人们称之为利马宝藏。据说，正是这批遗失的战利品激发了史蒂文森（Robert Louis Stevenson）创作著名小说《金银岛》的灵感。

71 一块名为韦尔科姆·斯特兰杰（Welcome Stranger）（意为"欢迎你，陌生人"）的巨大金块重达71千克，相当于一名成年人的体重。

17 世界上银和金的存量比为17:1，这就是为什么黄金比银贵得多。

5 泰国曼谷金佛寺一座3米高、有900年历史的金佛像用掉了5吨黄金。

3000 英国王冠上装饰有3000颗宝石，这是英国女王的王冠之一。伊丽莎白二世在她的加冕典礼结束时就戴着这顶王冠。

22 000 2004年，在爪哇岛附近发现了一艘沉船，经过22 000次潜水才找到船上所有的宝藏。这批宝藏包括数千颗珍珠和红宝石，以及数百颗蓝宝石和其他宝石。

1 只用3.5克黄金就可以制成1千米长的金丝。

10 10吨岩石才能提取出30克铂，这是一种比黄金还稀有的贵金属。

3500 2009年，赫伯特（Terry Herbert）在英国的一块地里发现了3500件撒克逊珍宝。这些价值300多万英镑的珍宝后来在英国各地的博物馆和画廊里展出。

40 为了采集珍珠拿去售卖，一些采珠人不用装备可以下潜到水下40米深处。

恶心的食物

37.8 羊毛脂是羊毛中的一种蜡状物质，它融化的温度是37.8℃。羊毛脂的用途之一是作为口香糖的一种成分。

36 英国人肯·爱德兹（Ken Edwards）1分钟内吃了36只蟑螂。

11.3 美国的华莱士（Sally Mae Wallace）女士身体里发现了一条11.3米长的绦虫。如果食客吃了没煮熟的肉，就可能会不小心吞下绦虫，这些寄生虫会在人的肠道内不断生长。太恶心了！

900 委内瑞拉一家冰激凌店里有900种不同口味的冰激凌，其中最怪的是意大利面和奶酪口味。

2 在古罗马宴会上，奴隶们做过2项史上最糟糕的工作。一项工作是把所有的唾沫都擦干净，另一项是清理所有罗马人因吃得太多而呕吐出来的东西。

100 百年蛋，也叫皮蛋，是一种中式美食。这种蛋要用盐、石灰和草木灰腌制一段时间（虽然没有100年这么长），直到蛋黄变绿。它闻起来有硫黄的味道。

40 榴莲树能长到40米高。这种水果有一种可怕的臭味，东南亚许多公共场所禁止食用它。

26 470 有个人在一家食品公司的面包里发现了一只死老鼠，这家公司因此收到了一张26 470美元的罚单。

14 1771年，瑞典国王在吃掉14份甜点加上龙虾、腌鱼、鱼子酱和泡菜后去世。

7 你可以买到7种口味最恶心的软糖豆，它们是鼻屎、烂泥、呕吐物、耳垢、蚯蚓、臭鸡蛋和肥皂口味。

70 000 70 000只捣碎的胭脂虫可生产出450克红色染料。这种染料可给食物染色，包括糖果。

50 世界上最贵的咖啡大概要卖50美元一杯。猫屎（Kopi Luwak）咖啡是由一种像猫一样叫麝猫的小动物吃了并排泄出来的咖啡豆制成的。

8 卡苏马苏奶酪里的活蛆能长到8毫米长。蛆虫在奶酪里爬来爬去，如果被打扰了，它们还会跳起来。这种爬满蛆的奶酪实在是太恶心了，简直是违法的……但即使这样，也无法阻止人们吃这种传统的撒丁岛食物。

7.5 马达加斯加蟑螂能长到7.5厘米长。注入蜂蜜和酱油之后,这些酥脆的小动物被一位美国厨师当作小吃端上了桌。

500 制作格陵兰岛的特色菜腌海雀,需要将500只海雀装在海豹皮里,放上几个月。这道菜最受喜爱的吃法是把海雀的头咬掉,然后吸食里面的东西。

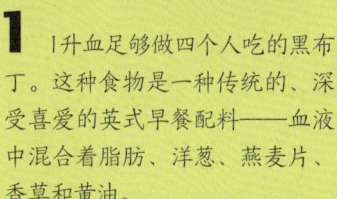

107.1 2008年,英国的胡恩(Paul Hunn)打了一个世界上声音最大的嗝,达到了107.1分贝。这个声音比农用拖拉机还响。

1 1升血足够做四个人吃的黑布丁。这种食物是一种传统的、深受喜爱的英式早餐配料——血液中混合着脂肪、洋葱、燕麦片、香草和黄油。

3 在中国,人们可以从活蟹自动售卖机里购买3种尺寸的螃蟹——小的、中的、大的。

15 科学家对15种气味浓烈的奶酪一一进行了臭味测试,以评出世界上最臭的奶酪,获胜者是一种名为老布洛涅的法国奶酪。

25 制作美国小吃"烤鳄鱼肉串",需要用25厘米长的木签来串住鳄鱼肉。

2 波兰最受欢迎的鸭血汤的主要成分是2杯鸭血。

4~6 把三文鱼头挖出来吃掉之前,要把它埋在地下4~6周。这种阿拉斯加特色的烂鱼菜式通常被称为"臭头"。

14 每个人平均每天会放14个屁。要是你想要额外的,呃,"香味",那就多吃豆子、卷心菜、奶酪和鸡蛋吧!

2 制作中世纪菜肴烤鸡蛇需要用到2种动物。这是因为鸡蛇是将半只猪和半只公鸡缝在一起创造出来的。

191 油炸巧克力棒是一道苏格兰特色菜,炸巧克力的油温是191℃。为了确保巧克力不会融化,它外面裹上了面糊。

2 2种受欢迎的味道——覆盆子味和香草味——有时是由一种叫海狸香的物质制造的,这种物质来自河狸(俗称海狸)屁股处的腺囊。海狸香可以用来给糖果、冰激凌、果冻和酸奶调味。

30 美国食品药品监督管理局的法规规定,允许平均每100克花生酱里面有30个昆虫碎片。嘎吱!

60% 墨西哥菜蚂蚁卵的60%是蛋白质。这道菜尝起来味道还不错……只要你不介意吃蚂蚁卵。

月球

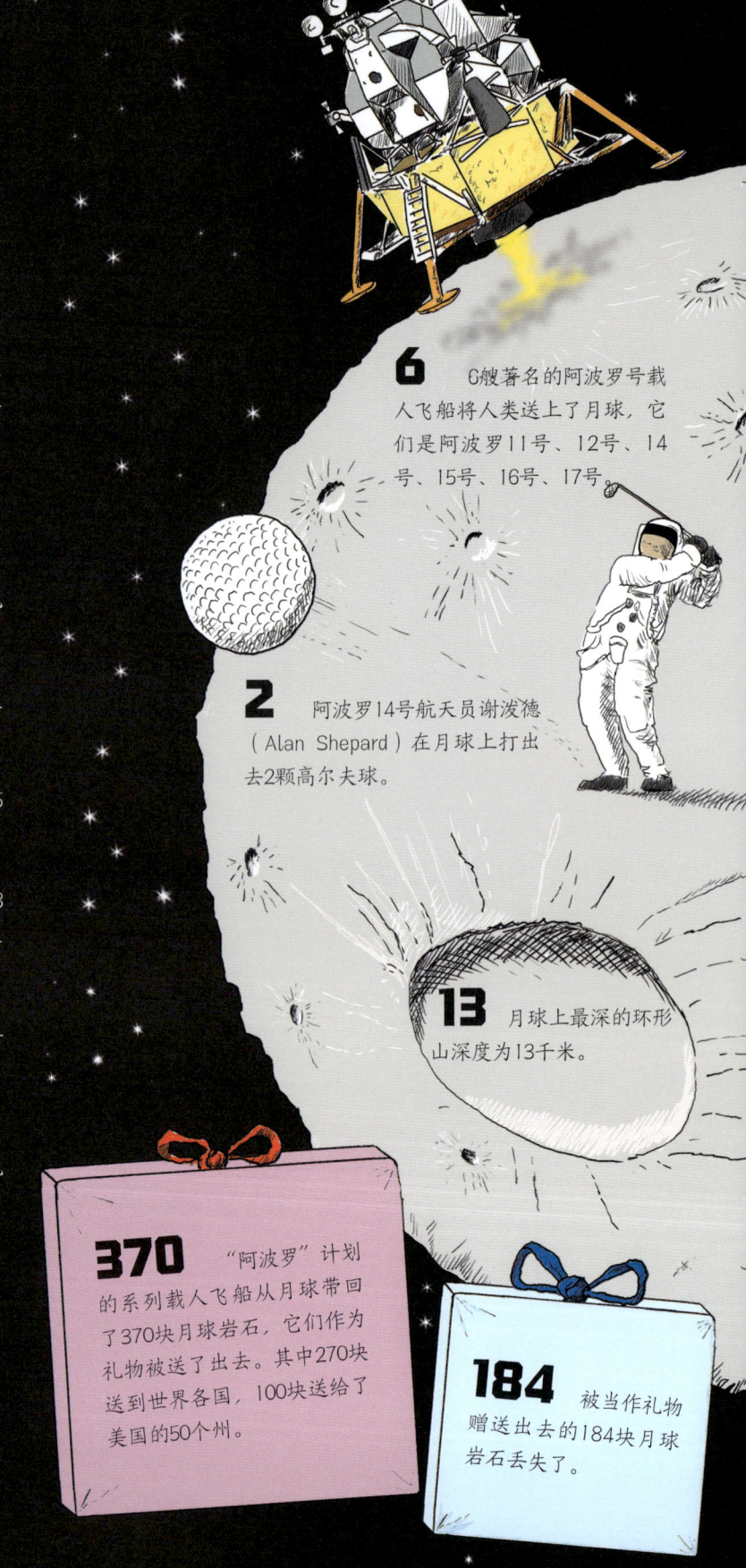

27.3 月球自转和绕地球公转一周的时间都是27.3天。这就是为什么我们总是看到月球的同一面。

107 月球阳面的最高温度达107℃。这个温度热得足以让水沸腾。

384 400 月球到地球的平均距离是384 400千米。

3.8 月球每年都在远离地球,距离为3.8厘米。

9 以平均4.8千米/时的速度从地球步行到月球需要9年。

45亿 月球的年龄是45亿岁。

442 500 在1993年,仅购买0.2克月球尘埃就需要支付442 500美元。

1.3 光从月球传到地球需要1.3秒。

2 由于月球对海洋的引力,地球上的每个海岸每天都会出现2次高潮。

20 阿波罗11号从地球出发,经过4天的旅程,最终登陆月球时用于降落的燃料只剩20秒。

6 6艘著名的阿波罗号载人飞船将人类送上了月球,它们是阿波罗11号、12号、14号、15号、16号、17号。

2 阿波罗14号航天员谢泼德(Alan Shepard)在月球上打出去2颗高尔夫球。

13 月球上最深的环形山深度为13千米。

370 "阿波罗"计划的系列载人飞船从月球带回了370块月球岩石,它们作为礼物被送了出去。其中270块送到世界各国,100块送给了美国的50个州。

184 被当作礼物赠送出去的184块月球岩石丢失了。

1,1 一个人的一小步,却是人类的一大步。这是第一个在月球上行走的美国航天员阿姆斯特朗(Neil Armstrong)所说的话。

3 3辆月球车曾经载着航天员在月球表面穿行。

4700 月球上最高的山——惠更斯山的高度达4700米(刚刚超过珠穆朗玛峰的一半)。

13% 在1988年所做的一项调查中,有13%的受访者认为月球是由奶酪制成的。

3474 月球的直径是3474千米。地球的直径是12 742千米,是月球的3.6倍多。

8 8个月相构成一个完整的月亮盈亏周期,它们是:新月、蛾眉月、上弦月、盈凸、满月、亏凸、下弦月和残月。然后,整个周期又重新开始。

6 地球上重6千克的物体,在月球上称只有1千克。

2500 月球上最宽的环形山宽度达2500千米。

29.5 从一个满月到下一个满月需要29.5天,这个周期被称为朔望月。

7250万 月球绕地球公转一周时,地球绕太阳公转所走过的路程是7250万千米。

-233 月球上最冷的地方温度为-233℃,它位于环形山的底部,那里总是处于阴影中,永远得不到阳光。

4 太阳系中还有4颗天然卫星比我们的月球大。

50 如果地球是空心的,那么里面可以装进50颗月亮。

妈妈和宝宝

1 不需要任何雄性，1只雌性鞭尾蜥就可以繁衍出一群鞭尾蜥，因为它们是单性繁殖的。

5 猩猩妈妈会在5年内全心全意地照料猩猩宝宝。

30 塔斯马尼亚魔鬼（即袋獾）一次可以产下30只小宝宝，但袋獾妈妈只有4个乳头，所以大多数袋獾宝宝会饿死，只有最强壮的才会活下来。

3 北极熊宝宝要在熊窝里待3个月，窝是妈妈在雪里刨出来的，它们要到早春才会从窝里出来。

50% 鲸鱼奶的成分中，脂肪占了50%。

31.7~34.5 鳄鱼蛋要孵出雄性宝宝，需要将温度保持在31.7~34.5℃。如果温度稍低或稍高，孵出来的宝宝就会是雌性。

29 一只灰山鹑一次产下了29枚蛋，这是有史以来所产最多的一窝鸟蛋。

1500 海马爸爸一次可以产下1500只小海马。

3.5 皱鳃鲨的孕期是3.5年。

35 000 雌性海蟾蜍每次可以产下35 000枚卵。

85% 85%的情况下，犬吻蝠妈妈能够从繁育洞里3000只倒吊着的蝙蝠中找到自己的孩子，其余时候它会和别的蝙蝠妈妈的宝宝待在一起。

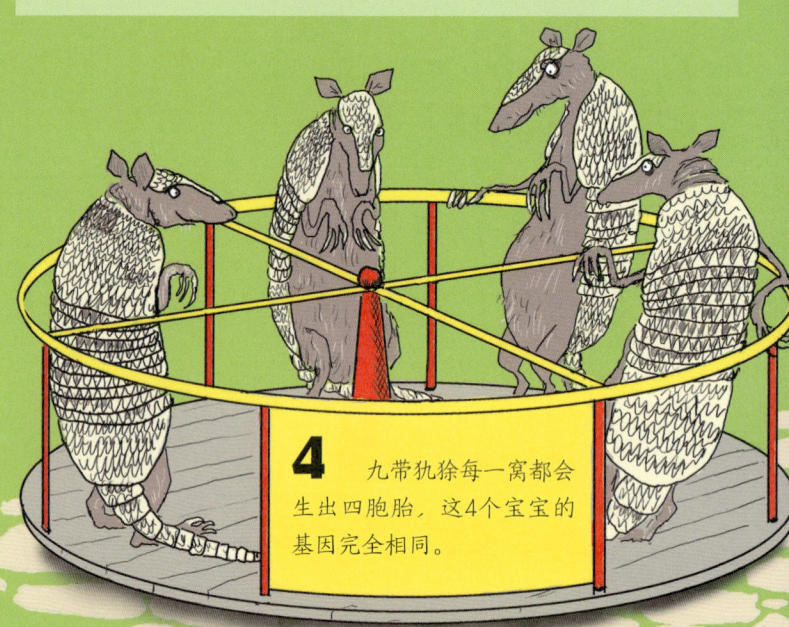

4 九带犰狳每一窝都会生出四胞胎，这4个宝宝的基因完全相同。

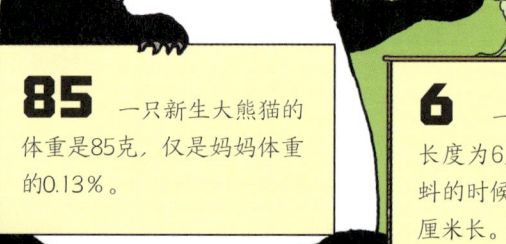

85 一只新生大熊猫的体重是85克，仅是妈妈体重的0.13%。

6 一只成年矛盾青蛙的长度为6厘米，但它还是蝌蚪的时候要长得多，有16.8厘米长。

8 一头新生蓝鲸的长度为8米,此时它的体重达2700千克。它可以长到30米长,体重大约180吨。

1 雌性古巴树蛙终生只能产1颗卵,但它会悉心照料这颗卵。

25 25只小蝎子可以同时骑在蝎子妈妈的背上。妈妈会一直带着它们,让它们远离危险。

美味!

2 每个黑鹰的巢里都能孵化出2只幼崽,但年长的几乎总是杀死年幼的。

1 一只蠼(qú)螋(sōu)妈妈要花1年的时间来照顾孩子,这大概是它整个生命的一半时间。

161 一只雄性海狗可能会让161只群居在一起的雌性海狗都生下宝宝。

1 有1种雄性哺乳动物也可以产奶,它就是马来西亚的棕榈果蝠。

14 一只雌性小家鼠一年可以产仔14次,平均每窝产7只宝宝。

1.8 一只新生的长颈鹿身高可达1.8米。

4 一只黑真螈怀孕38个月后平均产仔数是4只。其实黑真螈妈妈开始怀孕的时候,肚子里有多达60个宝宝,但在怀孕期间最年长的宝宝会吃掉其他宝宝。

20 000 一个帝企鹅养育群体中会有20 000只帝企鹅宝宝。当企鹅妈妈捕鱼归来时,它们必须在众多企鹅宝宝中找到自己的孩子。

3 凤梨蟹会花3个月来守护和喂养自己的宝宝——其他种类的螃蟹根本不会照顾它们的后代。

5 雏鹌鹑(一种小鸟)5周大就可以开始有自己的孩子了。

绝妙的盛宴

65 一个叫托马斯（Sonya Thomas）的竞食者在6分40秒内吃掉了65个煮熟的鸡蛋，创造了纪录。

20 000 在西班牙布尼奥尔一年一度的"西红柿大战"中，20 000人相互投掷了120 000千克西红柿。

3600 蓝鲸一天要吃3600千克磷虾（一种类似虾的小生物）。

6464 一个叫佩尔彻（Roger Pelcher）的厨师用6464千克姜饼搭建了一座巨大的姜饼屋。他还用掉了2155千克糖霜、1800块巧克力和几千块糖果。

12 古罗马作家在《萨蒂利孔》(Satirycon)一书中描绘了一场盛宴，除了用12道菜代表十二星座，宴会上还有睡鼠、长着翅膀的野兔和戴着头盔的一整头小牛。

269 在泰国2003年举行的大象游行期间，269头大象吃掉了50吨水果和蔬菜。

42 2007年，美国的贝尔托莱蒂（Patrick Bertoletti）只用10分钟就吃掉了42个花生酱和果冻三明治。

6014 叙利亚的大马士革盖特餐厅设置了6014个座位，所以不需要预订。

50 000 在芬兰举行的赫尔辛基鲱鱼节上，人们吃掉了50 000千克的鱼，以此来庆祝捕鱼季节的结束。

4500万 美国人在感恩节期间一天要吃掉4500万只火鸡。

22 295 1900年在巴黎举行的市长宴会上，共有22 295名官员出席。这次宴会动用了3600名厨师来准备所有的食物。

24 只需要24小时，古罗马人就可以把新鲜的牡蛎从法国西北部通过冷藏车网络运输到罗马。人们认为新鲜牡蛎是珍馐美味。

7395 2005年，英格兰3名男子在距地面7395米的热气球上举办了一场宴会。当时他们穿着正式的宴会服，在-50℃的低温中吃着水煮三文鱼。

4 贝都因人婚礼上的主菜要用到4种动物。这道菜是一只烤骆驼，里面塞了一整只烤羊，烤羊里面塞了一只鸡，鸡里面塞了鱼，鱼里面塞了鸡蛋。哦！

30 英国维多利亚女王在宴会上尽情地吃完七道菜所用的时间是30分钟。每次她吃完一道菜，所有的盘子都会被撤掉，所以客人们不得不努力跟上她。

1 1杯葡萄酒让埃及女王克娄巴特拉（Cleopatra）赢得了赌局。她与罗马人打赌，看谁能举办最昂贵的宴会。她只是把自己一只价值昂贵的珍珠耳环溶解在一杯葡萄酒里，然后喝下去，就赢了。

60.3 日本静冈肉类生产商制作了一个60.3米长的热狗。这个长度相当于34名成年男性头脚相接、一个挨一个躺下来。

600 在罗马帝国皇帝埃拉伽巴路斯（Elagabalus）举办的盛大宴会上，制作鸵鸟派用掉了600只鸵鸟。

10 英格兰东艾依（Eastern Eye）餐厅所做的一份咖喱重达10吨。

2000 在庆祝英国和法国国王会面的宴会上，人们吃掉了2000只羊。这场宴会1520年在一处名为"金缕地"（Field of the Cloth of Gold）的地方举行，时间持续了整整一个月。

9852 有一幅巨大的女性面部的马赛克图画是用9852片吐司拼成的。这幅图通过控制烤吐司的色泽来制作，每片吐司被烤成不同的色调，从白色到浅棕色，到深棕色，再到黑色。

4 2008年，在中国举行的一场街头聚会中，所有桌子排在一起总长度达4千米。3050张桌子首尾相连排列，供用餐者就座。

9137 拉斯维加斯某个巨型咖啡马克杯可装下9137升咖啡。这足够灌满32 000多个普通大小的咖啡杯。

32 681 在印度举行的某个大型茶话会上，32 681人坐在一起喝了一杯茶。

7500 世界各地种植了7500种不同种类的苹果。

7 7千克大蒜在古埃及可买一个健康的男奴——这表明大蒜真的很值钱！

37.4 1990年，南非做了一个直径为37.4米的比萨饼。这大约比伦敦的巴士长4倍。

欧洲

10 欧洲有10个国家有君主。欧洲皇室分布在比利时、丹麦、列支敦士登、卢森堡、摩纳哥、荷兰、挪威、西班牙、瑞典和英国。

7 阿尔卑斯山脉穿过7个国家,它们是瑞士、奥地利、意大利、列支敦士登、德国、法国和斯洛文尼亚。

1500 在德国可以吃到1500种不同的香肠。

227 希腊人的家园由希腊大陆和227个岛屿构成。

5642 俄罗斯的厄尔布鲁士山海拔5642米,它是欧洲最高的山。

26% 荷兰国土的26%低于海平面,而且60%的人口居住在这一地区,海水被2400千米长的堤坝阻挡在外。

100万 意大利威尼斯的安康圣母教堂由100万根水下木桩支撑着。由于城市建在海上,建筑需要这些木桩来支撑。

6 欧洲有6个国家把德语作为官方语言,它们是德国、瑞士、奥地利、卢森堡、比利时和列支敦士登。

22.5亿 全球种子库可储存22.5亿颗种子。这个种子库位于偏远的挪威斯瓦尔巴群岛上,种子储存在-18℃条件下,可以保存数百年甚至数千年。这意味着,即使发生全球性灾难,世界上仍有安全储藏的种子。

49 欧洲大陆上有49个国家。

53% 53%的欧洲人会说不止一种语言。

35 冰岛这个小岛上分布着35座活火山。

3 欧洲有3个国家坚持汽车靠左行驶——英国、爱尔兰和塞浦路斯。

400 每天有400艘船穿过多佛海峡——这是英格兰和法国之间一段狭长的海域。

8400 瓦特纳冰原的面积达8400平方千米，它是欧洲最大的冰川，位于冰岛，平均冰层厚度达900米。

56% 马耳他人的日常用水中有56%是从海水中获取的（经过海水淡化处理）。马耳他是一个地中海岛国，根本没有河流。

225 欧洲在使用的语言有225种。

90% 欧洲90%的土地曾经被森林覆盖，如今这一比例仅为33%。

100% 冰岛取暖和供电100%使用的是可再生能源，其中大部分来自水力发电，但也有一些来自地球内部的热量，即地热能。

1700万 俄罗斯的国土面积是1700万平方千米，它是欧洲最大的国家。

0.44 位于罗马的梵蒂冈的国土面积为0.44平方千米。

9 有9个国家与德国接壤，它们是丹麦、捷克、奥地利、波兰、瑞士、法国、卢森堡、比利时和荷兰。

这意味着欧洲同时有世界上最大和最小的国家。

0 欧洲的沙漠数量是0，这使它成为世界上唯一没有沙漠的大陆。

3530 俄罗斯的伏尔加河从源头到入海口长达3530千米。它是欧洲最长的河流。

4 欧洲有4个国家的部分国土在北极圈内，它们是俄罗斯、挪威、瑞典和芬兰。

50 一条名为"海峡隧道"的铁路隧道长达50千米，该隧道连接英国和法国，其中38千米位于海下。

泰坦尼克号

269.1 泰坦尼克号长达269.1米——比2.5个全尺寸的足球场还长。

3423 泰坦尼克号上装载有3423袋信件和包裹，邮轮上有专门的邮局来处理这些信件，邮局一共有5名工作人员。

94% 乘坐头等舱的妇女和儿童中有94%在泰坦尼克号沉没事故中幸存下来。

22.5 泰坦尼克号在大西洋撞上冰山之前的巡航速度为22.5节（41.6千米/时）。

1 泰坦尼克号上有1个室内温水游泳池，这是世界上最早的室内温水游泳池之一。

15,10 一位头等舱乘客的一个仆人横跨大西洋的费用是15英镑10先令。这相当于今天的600多英镑。

473 473名三等舱乘客可以在零落、简陋的餐厅里用餐。他们吃的是面包、新鲜水果和简单的饭菜，如烤牛肉和煮土豆。

73 泰坦尼克号在沉没73年后，人们在大西洋海底发现了它的残骸。

11 泰坦尼克号在撞上冰山的那天晚上，为头等舱的乘客提供了11道菜，包括牡蛎、烤小鸭和巧克力泡芙条。

0 泰坦尼克号航行期间，实施过0次乘客救生艇演习。

64 000 泰坦尼克号午间套餐的拍卖价格是64 000英镑。

15 泰坦尼克号最大的锚重达15吨——大约相当于10辆汽车的重量。

4,3 船上4个巨大的烟囱中实际工作的只有3个，有1个是假的，这是为了使这艘船看起来更壮观。

10 000 10 000盏灯泡照亮了船上的众多房间、甲板和走廊。

157 撞上冰山157分钟后，泰坦尼克号船体断成了两部分。

20 船上有20艘救生艇，但它们只能容纳船上一半的乘客和船员。

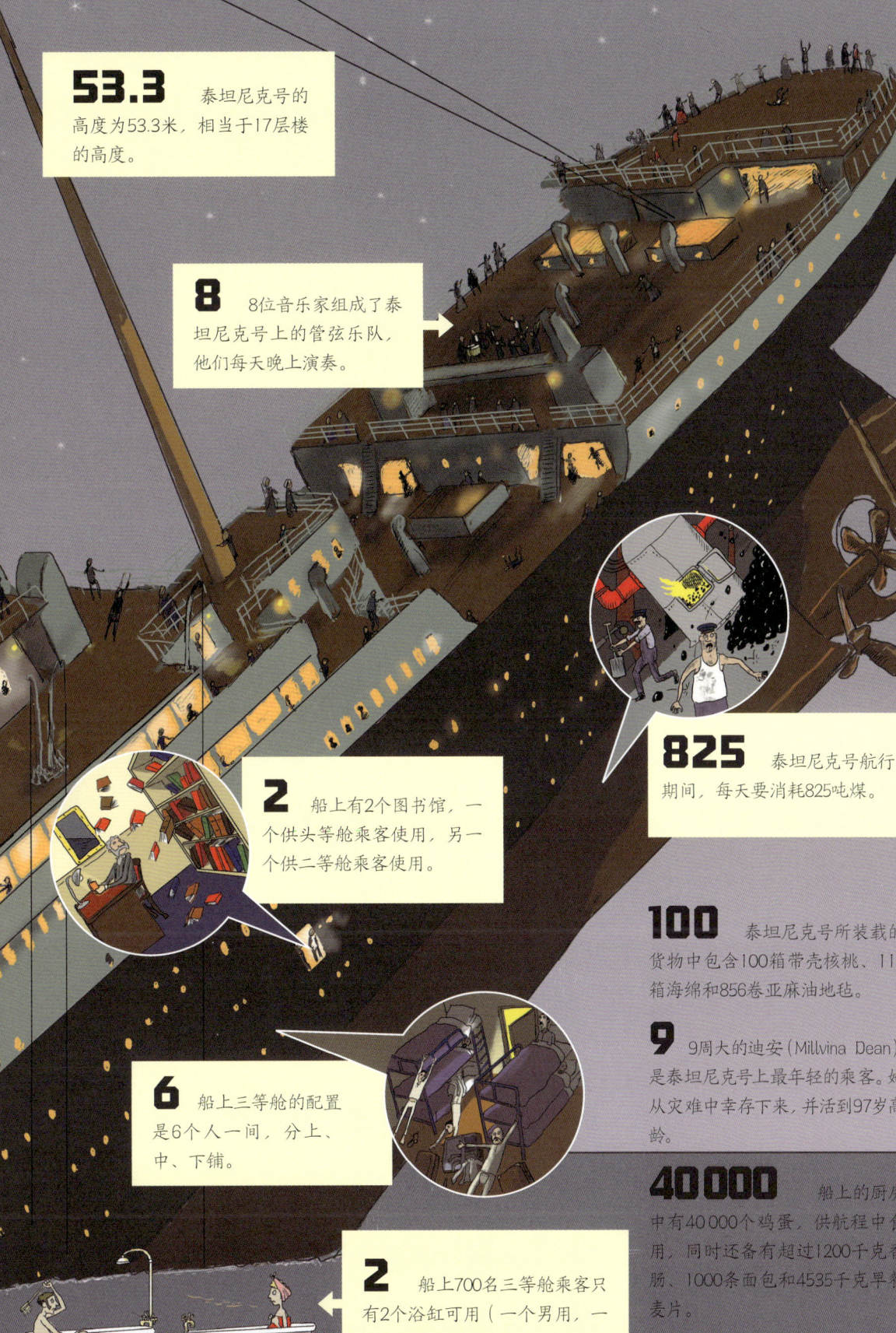

53.3 泰坦尼克号的高度为53.3米，相当于17层楼的高度。

8 8位音乐家组成了泰坦尼克号上的管弦乐队，他们每天晚上演奏。

2 船上有2个图书馆，一个供头等舱乘客使用，另一个供二等舱乘客使用。

6 船上三等舱的配置是6个人一间，分上、中、下铺。

2 船上700名三等舱乘客只有2个浴缸可用（一个男用，一个女用）。

825 泰坦尼克号航行期间，每天要消耗825吨煤。

100 泰坦尼克号所装载的货物中包含100箱带壳核桃、117箱海绵和856卷亚麻油地毡。

9 9周大的迪安（Millvina Dean）是泰坦尼克号上最年轻的乘客。她从灾难中幸存下来，并活到97岁高龄。

40 000 船上的厨房中有40 000个鸡蛋，供航程中食用，同时还备有超过1200千克香肠、1000条面包和4535千克早餐麦片。

超级蛇

5 加蓬咝蝰有5厘米长的毒牙,这让它变得非常可怕。

1/500 太平洋琉球群岛上每年有1/500的居民被蛇咬伤。

20 如果被黑曼巴蛇咬伤,20分钟后你就会死掉,除非你得到及时救治。

100 天堂金花蛇能在空中滑翔100米,这让它看起来像在飞。

110 110毫克内陆太攀蛇的毒液足以杀死100人,或250 000只老鼠。

30 一条缅甸蟒不浮出水面呼吸,可以在水下待30分钟。

120,180 澳大利亚的180种蛇中有120种是有毒的。

1134 最大的远古蛇类——13米长的泰坦巨蟒估计重达1134千克。

5.6 眼镜王蛇的最长纪录是5.6米,它是世界上最长的毒蛇。

10.8 一条成年细盲蛇的长度为10.8厘米,它是最小的一种蛇。

600 600种蛇是有毒的。

2500 2500种蛇是无害的。

5 蟒蛇吞下猎物需要5小时甚至更久。

7.67 一条巨大的网纹蟒能够伸展到7.67米。

12 被剧毒的珊瑚蛇咬一口之后，要经过12小时你才能感受到它的后果。

4 巨蚺在一顿大餐过后，要过4周才会开始考虑它的下一餐。

80 雌蟒每次可产下80枚卵。

1/3 1/3的眼镜王蛇可以从地面跃起，以攻击大型猎物。

60 绿森蚺刚出生时的长度只有60厘米，它可以长到9米长。

5 有种亚洲毒蛇在没有食物的情况下，仍然可以生存5年。

60 响尾蛇每秒可以摇动60次尾巴末梢的响环。

100% 100%的蛇是食肉动物。

30% 30%的蛇类能生出幼蛇。

70% 70%的蛇类都会下蛋。

450 蛇的脊椎由450块小骨构成。

我觉得有人在跟踪我……

100 1932年观察到一列长达100千米的海蛇，当时有数百万条蛇在一起游动。

制作音乐

88 标准的钢琴键盘由88个键构成,包括52个白键和36个黑键。

4 如果将圆号(法国号)展开,它的长度可以达到4米。

3 3米高,227千克重,这就是得克萨斯大学的低音鼓被称为"大贝莎"的原因。它是装在轮子上的,可以在游行和足球比赛中演奏。

2 苏格兰历史上曾经2次禁止吹风笛。实际上,一个叫里德(James Reid)的人在1746年就因吹奏风笛而被处决。太可怜了!

6 普通吉他有6根弦,但吉他也可以是4、7、8、9、10或12弦的。

1000 一首叫《永恒演奏者》的曲子全部播完需要1000年。这首曲子从1999年12月31日开始播放。

33 112 美国大西洋城会议厅的管风琴由33 112根管子构成,这使它成为巨大且声音极其响亮的乐器。

46 被称为"宝思兰"(Bhodran)的爱尔兰鼓是将直径46厘米的山羊皮绷在框子上制成的。

4 一支管弦乐队由4种乐器构成,它们是弦乐器、铜管乐器、木管乐器和打击乐器。

90 000 芬德吉他公司每天生产90000根吉他弦。

54.96 制作美国伊利诺伊州的大风铃所用的5根金属管,总长度为54.96米。

11 "蔬菜管弦乐队"(Vegetable Orchestra)由11位音乐家组成,这是一个用各种蔬菜当乐器进行演奏的音乐团体。

450 施坦威三角钢琴重达450千克。

400万 2008年,一把价值400万美元的高品质斯特拉迪瓦里小提琴被落在一辆出租车上。当司机把小提琴还给演奏家时,他非常高兴,免费给司机开了一场音乐会。

6 最小的乐器制造者——一只长6毫米的白蚁，它把用来制作澳大利亚传统乐器迪吉里杜管的木头挖空了。

100万 世界上最大的口琴制造商霍纳公司每年能生产100万支口琴。

1120 法国作曲家萨蒂（Erik Satie）演奏《烦恼》（Vexations）用了1120分钟。当它在纽约第一次演奏时，只有一位观众设法让自己坐着听到了最后。

1 印度乐器艾克塔拉（ektara）只用1根弦。演奏者一边拨动琴弦，一边通过改变琴弦的张力来改变声音。

2134 2134名尤克里里（四弦琴）演奏者曾在日本横滨的大型即兴音乐会上一起演奏。

230 一架标准钢琴有230根琴弦。

182 非洲贝宁一种被称为"多索"（doso）的巨型木琴，它的每根木条都有182厘米长，而普通木琴的琴条通常不超过几厘米。

152 一把典型竖琴上最长的弦长达152厘米，竖琴最多可以有47根弦。

0 演奏作曲家约翰·凯奇（John Cage）的曲目《4′33″》需要用到0把乐器，因为这首曲子由4分33秒的完全静默组成。

30 一个典型的交响乐团包含30把小提琴。

5 作曲要用到5条线，它被称为"五线谱"。这种记录音符的方法最早出现于13世纪的意大利。

3 小号上装有3个气阀，音乐家可以用它演奏出45种不同的音符。

7 长号的伸缩管可以滑动到7个不同的把位，这样可以发出一系列不同的音符。

260 你在打鼓时每小时可以燃烧260卡路里（约合1.09千焦）的热量，是弹吉他的两倍。

70 做一把小提琴要用到70片木料。

4 管弦乐队的弦乐部分主要由4种乐器组成：小提琴、中提琴、大提琴和低音提琴。

蔚蓝深海

99% 地球上99%的生存空间被海洋占据了。

71% 地球表面的71%被水覆盖。

35亿 35亿人依靠海洋获取食物。

75% 世界上的大城市中有75%位于海边。

200亿 世界海洋中有200亿千克以微小颗粒的形式存在的黄金。但要把它们全部提取出来，代价会非常非常高。

5% 世界海洋已被人类探索过的部分大约只有5%，这意味着还有无数深海物种有待发现。

5亿亿 海洋中盐的储量大约是5亿亿吨。如果把盐提取出来并均匀撒在地球表面，盐层的厚度比40层楼还高。

10 898 马里亚纳海沟中挑战者深渊的深度是10 898米，这是地球上的最低点。

97% 地球上的水有97%由海水构成。

600 000 平均每年有600 000桶石油因意外从船上泄漏到海洋里。

35 1升海水里有35克盐。

35 海洋中最热的部分位于波斯湾，温度达到了35℃。

-1.8 大多数海水的凝固点是-1.8℃。

10 000 冒纳凯阿火山高10 000米。如果算上它位于海平面以下的5996米，它才是世界上最高的山。

400 澳大利亚的大堡礁有400种不同种类的珊瑚。

121 一个人在没有任何呼吸设备的情况下，最深能够下潜到水下121米。

16.3 北美芬迪湾高潮位和低潮位的落差是16.3米，它是世界上潮差最大的海湾。

46 000 世界各大洋每2.5平方千米的海面上就漂浮着46 000块塑料碎片。

524 海啸发生后，海水能够达到海平面以上524米，是自由女神像的5倍高。1958年，巨大的海浪冲去了美国阿拉斯加的利图亚湾。

84 海水中包含84种化学元素。

330 水肺潜水者最深可以下潜330米。

33% 死海的含盐量是33%——在大多数海水中，这个比例是3.5%，这使得死海的海水密度非常高，所以在死海中游泳感觉更像是漂浮在上面。

80% 80%的海洋污染来自人们在陆地上的活动。

400 从深海热泉口涌出的水的温度可能会达到400℃。这些喷溢口位于海底，通常有2千米深，其上海水的重量带来的压力阻止了水的沸腾。

3795 海洋的平均深度是3795米。

16 525万 太平洋的面积是16 525万平方千米，比地球上所有陆地面积加起来还要大。

25 000 太平洋中有25 000个岛屿。

66 世界上所有的冰融化后海平面将上升66米。

3.54 世界上最大的海下瀑布高3.54千米，比陆地上最高的瀑布高出3.5倍（只是水的流速要慢得多）。

8 海洋最深处每6.5平方厘米承受8吨的水压，相当于一个人试图举起50架大型喷气式飞机！

2300 澳大利亚的大堡礁长2300千米。

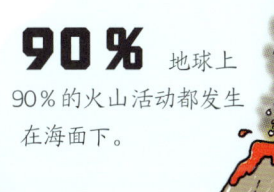

90% 地球上90%的火山活动都发生在海面下。

神话和传说

5 罗马人发现了太阳系的5颗行星，它们是水星、金星、火星、木星和土星。罗马人以他们崇拜的神来给这些行星命名。海王星也是以一位罗马神的名字命名的，但这颗行星直到1846年才被发现。

120 传说一个叫特尔（William Tell）的人从120步开外的地方向他儿子射箭，他必须射中他儿子头上的一个苹果。

8 一匹名叫斯雷普尼尔（Sleipnir）的马有8条腿，它是北欧神话中一位名叫奥丁（Odin）的主神的坐骑。

1 独眼巨人的前额中央长着1只眼睛。独眼巨人是希腊神话中的巨人种族之一。

3 北欧神话中有3种巨人——山地巨人、冰霜巨人和火焰巨人。

7 冒险故事《航海家辛巴达》描述了7次航海旅行。

7,7 希腊神话中，人们每年要将7名年轻男子和7名年轻女子献祭给一只叫弥诺陶洛斯（Minotaur）的牛头怪兽，直到一位名叫忒修斯（Theseus）的英雄进入怪兽的迷宫并杀死了它。

2 凯尔特神话中，一种叫小矮妖的生物会随身携带2个皮钱包。一个钱包里装着一枚银币，每次把它花出去后它都会回到钱包里；另一个钱包里装着一枚金币，用来贿赂抓住小矮妖的人——这枚金币过不久就会变成灰烬。

25 温切斯特圆桌上刻有25名骑士的名字。人们认为这张圆桌出自英国著名的亚瑟王及其圆桌骑士的传说。

40 一个叫阿里巴巴的人智取了40大盗。阿里巴巴是一位商人的儿子，他得知了一个魔法密码——"芝麻开门"，并借此进入山洞，偷走了盗贼的宝藏。

8 阿兹特克神话中，亡灵必须穿越地下世界的8层地狱，最后才能抵达第9层的安息之地。

4 在北欧神话中，4位矮人支撑着天空的四个角落——东方的奥斯特里（Austri）、西方的威斯特里（Vestri）、北方的诺德里（Nordri）和南方的苏德里（Sudri）。

52 52年一轮回的传说让阿兹特克人感到恐惧，他们相信世界在每个轮回结束时都可能会终结。他们通过举行某些仪式，比如毁掉自己的财产，来阻止世界末日的到来。

60 一个名叫乔治·爱德华兹（George Edwards）的人每周在苏格兰的尼斯湖上度过60小时。他花了一生的时间去寻找据说住在湖里的怪兽。

540 在战斗中被杀的维京英雄,可以通过540扇门进入由主神奥丁统治的英灵神殿瓦尔哈拉。

3 在罗马神话中,3个兄弟统治着世界。朱庇特(Jupiter)统治天空,尼普顿(Neptune)统治海洋,普卢托(Pluto)统治冥界。

500 神话中的鸟,即我们所称的凤凰,其寿命有500年。在它漫长的生命结束时,它会点燃自己的巢穴并死去,然后一只全新的凤凰就会从灰烬中诞生。

3 日本民间传说中提到了3种智慧猴子,它们分别被称为"非礼勿视""非礼勿听""非礼勿言"。

38 000 北爱尔兰的巨人堤上立着38 000根奇特的六角形石柱。传说有个巨人麦库尔(Finn McCool)修建了一条穿越大海到达苏格兰的道路,这样他就能打败他的对手巨人贝南多纳尔(Benandonnar)。

1 古希腊哀悼者在告别遗体时,会将1枚硬币放在遗体旁边。他们认为逝者可以将这些钱付钱给摆渡人,然后他会带逝者渡过冥河,去往地下世界。

12 在希腊和罗马传说中,英雄赫拉克勒斯(Hercules)必须完成12项伟业,其中包括杀死怪物、抓住世界各地的野兽、夺取世界各地的宝藏。

5 在中国神话传说中,天龙有5只爪子,是所有中国龙的统治者。只有皇帝才能穿戴有五爪龙的服饰,任何其他蠢到这么做的人都会被处死。

2 两面神雅努斯(Janus)是古罗马的门神,他能同时看见前方和后方。一月(January)就是以他的名字命名的,因为它是新年的开始。

10 传奇般的围城战,即我们所称的特洛伊战争持续了10年。这场战争发生在古希腊人和特洛伊人之间,古希腊人最终赢得了战争。他们把士兵藏在一匹巨大的木马里,并将木马作为送给特洛伊人的礼物留在了城门外。

4,2,3 黎明时有4条腿,中午时有2条腿,晚上有3条腿。它是什么?这个谜题是古希腊的斯芬克斯(Sphinx)问路过的旅行者的问题,如果他们答错了就会被杀死。(答案是人,婴儿时手脚并用爬行,成年后两条腿走路,年老时拄着拐杖走。)

1001 1001夜是一本东方传说故事的合集。一位叫山鲁亚尔(Shahryar)的国王每天娶一位新妻子然后杀死,直到有一位新王后开始每晚对他讲故事。国王非常喜欢这些故事,于是决定不杀她。

狂野的猫科动物

6 一头糊涂的名叫康姆亚克（Kamunyak）的肯尼亚母狮子收养了6只小羚羊。其实羚羊是狮子从它们的妈妈那里偷来的，狮子想自己照顾它们。

2.5 一头雄狮在被另一头雄狮赶出狮群之前，掌管狮群的平均时间是2.5年。

384 有记录以来最重的老虎重达384千克，比一只普通的家猫重85倍。

5.4 美洲狮跳跃的最高纪录是5.4米。

30 博茨瓦纳萨武蒂的狮群中有30头狮子，这足以让它们经常组队去捕杀大象。

250 20世纪60年代，在伦敦著名的哈罗德百货商店花250英镑就可以买一头幼狮。

5 "真正的"大型猫科动物或"吼叫猫科动物"只有5种，它们是狮子、老虎、豹、雪豹和美洲豹。

85 一只饥饿的美洲豹可能会吃掉85种不同的动物。

600 猎豹身上平均有大约600个斑点。

8 猎豹妈妈一窝最多能产下8只幼崽。

20 史前剑齿虎巨大的犬齿长达20厘米。

650 每年有650人被大型野生猫科动物咬死咬伤。

8 狮子的吼声在8千米远处还能听到。

96 猎豹全速奔跑的最快纪录是96千米/时。

436 1907年，一只名叫尚帕沃特·泰格雷斯（Champawat Tigress）的孟加拉虎被射杀。在此之前，已有436人死于它的爪牙之下。

20 猎豹在全速追赶猎物20秒后恢复正常呼吸需要20分钟。

1.5 世界上最小的野猫——锈斑豹猫平均体重1.5千克，而宠物猫的平均体重约为4.5千克。

114 狮子的吼声能达到114分贝，这个声音比摇滚音乐会上扬声器所发出的声音还响。

3500 3500年前，古埃及人开始养野猫当宠物，这发展成现在非常流行的宠物家猫。

1500 20世纪30年代至40年代的15年间，有1500人被一群坦桑尼亚的食人狮杀死。

0 0只老虎有完全相同的条纹。每只老虎的皮毛都是独一无二的，就像人的指纹一样。

25 一只美洲豹一餐可以吃掉25千克肉，相当于你一次吃掉100个四分之一磅重的汉堡。

5000 北美有5000只老虎被圈养，相比之下，整个亚洲的野生老虎只有3200只。

293 日本西表岛面积293平方千米，它是珍稀物种西表猫唯一的栖息地。

200 野生西伯利亚虎现在仅存200只。

120 一只60千克重的豹在爬树时嘴里可以叼着重达120千克的猎物。

15 雪豹能跳15米远（纵向长度），是其体长的7倍。

41 现存于世的野猫有41种。

0 一位名叫马西森（Peter Matthiessen）的作者曾前往亚洲，去雪豹的栖息地研究他写的书《雪豹》，结果他看到了0只珍稀雪豹。

40 美洲狮"彪马"（puma）有40个不同的英文名字，包括"库加"（cougar）、山狮和印度魔鬼（Indian devil）等。

狂野西部时代

[西部时代（Wild West），一般指美国19世纪50年代至20世纪10年代这段时期，也有说法是指美国内战之后的1865年至1895年，此时美国密西比河以西的领土正经历西部大开发。——译者注]

5 5美元就能在亚利桑那州汤姆斯通镇的中心买一块地。这个小镇始建于1879年，是美国狂野西部时代的传奇小镇。

1048 一把柯尔特和平捍卫者左轮手枪重1048克，这是狂野西部时代的警长和不法之徒经常使用的枪。

0 "水牛比尔"的真名叫科迪（William Cody），他一生射杀了0头水牛——他射杀的动物其实是美洲野牛。

28 一个绰号为"黑巴特"的不法之徒犯下了28起公共马车抢劫案。"黑巴特"的真名叫博尔顿（Charles Bolton），他经常戴着一个用旧面粉袋做的面罩，袋子上在眼睛的位置剪了两个洞。

66 一个叫麦柯迪（Elmer McCurdy）的逃犯在被枪杀66年后终于被埋葬。他的尸体经过防腐处理被保存下来，在戏剧甚至早期的电视节目中被拿来当作道具。

66 美军在1856年从埃及进口了66头骆驼作为驮畜，后来它们被卖给了一家马戏团。

0.252 从枪套中拔出枪最快用时0.252秒，来自加拿大的达比（Howard Darby）在2000年创造了这一纪录。快速拔枪射击（用空包弹代替子弹）在北美某些地区是很受欢迎的比赛。

2,8,8 美国西部传奇人物希科克（Wild Bill Hickock）在一家主题酒吧里玩扑克时被枪杀，当时他手里拿的几张牌是2张A、1张梅花8和1张黑桃8。从那时起，这几张扑克牌就被称为"亡者手牌"（dead man's hand）。

30 克兰顿（Clanton）帮与厄普（Earp）兄弟及其同伙霍利迪（Doc Holliday）在OK牧场进行了一场30秒的枪战。这场枪战造成3名枪手死亡。

720 000 温切斯特1873型来福枪生产了720 000支。这种枪被牛仔们广泛使用，并有个响亮的绰号，即"征服西部的枪"。

30 奥克莉（Annie Oakley）的枪法非常好，与目标相隔30步，她每次都能一枪击中扑克牌的薄边。

4100万 1850年，加利福尼亚州的淘金潮共开采出价值4100万美元的黄金，这些黄金现今价值约10亿美元。

100万 1867年至1884年间，牛仔们沿着奇泽姆小道放牧着100万匹野马和500多头牛。

23 1892年，一个名叫多尔顿（Emmett Dalton）的不法之徒在与警察的枪战中被23颗子弹击中，但他活了下来。他在坐了14年牢之后出狱，成为了一名演员和房地产经纪人。

10 000 1881年，密苏里州州长发布了一张海报，悬赏10 000美元是捉拿弗兰克·詹姆斯（Frank James）和杰西·詹姆斯（Jesse James）这两个不法之徒，但这个赏金从未有人来兑现。

1 1876年，在小比格霍恩战役这场血腥冲突中，美国第七骑兵团仅有1名成员幸存下来，它是一匹名叫科曼切（Comanche）的马。

3500 20世纪初，3500名工人一年能生产200万顶斯特森毡帽。斯特森毡帽由斯特森（John Batterson Stetson）于1865年设计，不久便成为牛仔帽的首选。

16 神枪手奥克莉与水牛比尔的"狂野西部"秀巡回演出了16年，她用精准的射击戏法娱乐了成千上万名观众。

6 左轮手枪通常填装6发子弹。手枪一般装在皮套里，或者塞在牛仔的裤腰皮带里。

10 著名的美国原住民酋长布尔（Sitting Bull）杀死第一头野牛时年仅10岁。

35 000 1860年至1961年间，"驿马快信"（Pony Express）的骑手运送了35 000封信件和其他邮件。他们在密苏里州和加利福尼亚州之间骑马穿行，两地相距2800多千米，只丢失过一个邮包。

2 一辆流动炊事车上会装载2天的饮水，加上几星期的食物。流动炊事车是牛仔的移动厨房，为他们供应一些简单的食物，包括牛肉、猪肉、豆子、土豆和玉米面包。

3000万～6000万 19世纪初，在美国平原上漫步的野牛有3000万～6000万头。为了获取皮毛和牛肉，大规模的捕猎使得野牛的数量到1900年时锐减到了只有几百头。

澳大利亚和大洋洲

14 大洋洲共有14个国家，它们是澳大利亚、新西兰、巴布亚新几内亚、斐济、密克罗尼西亚、马绍尔群岛、萨摩亚、所罗门群岛、汤加、基里巴斯、瑙鲁、图瓦卢、瓦努阿图和帕劳。

2228 澳大利亚最高的山海拔2228米，它就是位于新南威尔士州的科西阿斯科山。

7 新西兰的绵羊数量超出其人口数量7倍。

14% 新西兰最初的原住民毛利人占这个国家总人口的14%。

5531 澳大利亚的"野狗围栏"长5531千米，这道围栏一直从南澳大利亚州延伸到昆士兰州。

750 000 澳大利亚腹地漫步着750 000只野骆驼，这使澳大利亚成为世界上野骆驼最多的国家。

9 图瓦卢由9个岛屿组成，这些偏远小岛的总面积只有27平方千米。

600 大堡礁是澳大利亚的一个巨大珊瑚礁，由600个岛屿组成，它是地球上唯一可以从太空看到的生物。

332 斐济由332个岛屿组成，其中110个岛有人居住。

4 澳大利亚白蚁蚁丘高度能达4米。这些神奇的构造物是由仅5毫米长的昆虫建造的。

836 巴布亚新几内亚使用836种不同的语言。

3720 澳大利亚的墨累-达令河是澳大利亚大陆最长的河流，全长3720千米。

3.6, 2.4, 348 乌卢鲁长3.6千米、宽2.4千米、高348米，是澳大利亚最著名的地标之一，又称艾尔斯岩。

146 澳大利亚纳拉伯平原上有一条长达146千米、没有转弯的公路,这使它成为世界上最长的一段直路。

100 澳大利亚仍有100种不同的原住民语言在使用。

34 000 安娜克里克牧场的面积为34 000平方千米,它是澳大利亚南部一个巨大的养牛场,面积比比利时国土面积还大。

800万 每年有800万游客前来参观著名的悉尼歌剧院。

2500万 澳大利亚生活着2500万只袋鼠。

48 鸸鹋的奔跑速度可达48千米/时。这些大鸟只见于澳大利亚的野外。

120 120千米长的弗雷泽岛与澳大利亚隔海相望,它是世界上最大的沙岛。

35 877 澳大利亚大陆海岸线的长度为35 877千米。

21 瑙鲁的国土面积只有21平方千米,是大洋洲最小的国家。

140 澳大利亚生活着140种不同的有袋动物,其中大多数在世界其他地方都找不到。有袋动物是哺乳动物,它们的幼崽被放在母亲腹部的育儿袋里,如袋鼠、袋熊和树袋熊。

1600 新西兰与它最近的邻居澳大利亚相距1600千米。

2104 从澳大利亚西部的珀斯到最近的人口超过百万的大城市阿德莱德需要跨越2104千米,相当于从英国伦敦走到俄罗斯圣彼得堡的距离。

4/5 澳大利亚人口的4/5居住在沿海地区。

427.2 2005年,在澳大利亚昆士兰州的穆拉里亚游乐场,一个回旋镖扔出去后飞行了427.2米,比4个足球场的长度还远。

植物和树木

115.66 世界上已知最高的树高达115.66米，它就是美国加利福尼亚海岸的红杉。

50 一棵剧毒的喷瓜喷出种子的速度为50千米/时。

10亿 一株豚草每年能够产生10亿颗花粉颗粒。

2 009 231 世界上最辣的辣椒品种——莫鲁加毒蝎椒创造的最高辣度纪录是2 009 231斯科维尔单位。

1 大王花的直径为1米。这种怪兽般的花重11千克，闻起来有腐肉的味道。

400 000 科学上已知的植物有400 000种，但肯定还会发现更多。

25% 世界上现存的植物中有25%正面临很快灭绝的危险。

4.5亿 情人节这天有4.5亿朵鲜花从哥伦比亚出口到美国。

258 650 已知的植物中有258 650种是开花植物。

60 一种叫海带的海藻最深能在水下60米处生长。

13 爬藤葫芦的种子宽13厘米，形状像一架小飞机。

非凡的君主

19 1595年，奥斯曼帝国的统治者穆罕默德三世（Mehmed III）下令处死了自己的19个亲兄弟和同父异母的兄弟。

108 波斯皇帝法特赫-阿里沙·卡扎尔（Fat'h Ali Shah Qajar）生了108个活过婴儿期的孩子，包括60个男孩和48个女孩。

209 汤加国王陶法阿豪·图普四世（Taufa'ahau Tupou IV）1976年时体重为209千克。他被评为世界上最重的君主。

50% 据说在残忍的拉纳瓦洛娜（Ranavalona）女王统治期间，马达加斯加岛上50%的人口惨遭杀害。

78 000 英国女王伊丽莎白二世（Elizabeth II）送给她的工作人员78 000个圣诞布丁。

413 法国国王路易十四（Louis XIV）的宫殿中有413张床。

110万 110万人参加了英国女王伊丽莎白二世在白金汉宫或圣十字宫举办的花园派对。

500万 据说古希腊统治者亚历山大大帝（Alexanser the Great）建立的帝国面积有500万平方千米。

瞄准！开火！

10 瑞典克里斯蒂娜（Chiristina）女王为克服对跳蚤的恐惧建造了一架10厘米长的银色微型加农炮！

肯定有一头大象不见了……

1 普鲁士国王腓特烈二世晚年除了军装之外，只有1套行头。

20 法国国王路易十九（Louis XIX）统治时间仅有20分钟，他加冕不到半小时就退位了。

30 204 已知君主在位时间最长的是30 204天。这项纪录由非洲斯威士兰国王索布扎二世（Sobhuza II）保持。

12 000 17世纪的印度皇帝贾汗季（Jahangir）拥有12 000头大象。

4936 1762年俄国女皇叶卡捷琳娜（Empress Catherine）加冕时所戴的王冠上镶嵌了4936颗钻石。

28 中国有28位皇帝在10~19岁之间去世。

2 1336年，爱德华三世通过一项法令，英格兰人在一天之内最多只许吃2顿饭。

376,117 安托瓦妮特（Marie-Antoinette）前往法国，嫁给王位继承人时，随行有376匹马和117名男仆。

100亿 2008年，沙特阿拉伯国王阿卜杜拉·本·阿卜杜勒-阿齐兹·阿勒沙特（Abdullah bin Abdulaziz Al Saud）给一所大学捐赠了100亿美元。

5300 英国有5300对配对的疣鼻天鹅，它们在名义上全部属于伊丽莎白女王。

16 日本天皇的徽章由16瓣金菊花瓣构成。

700 000 700 000人为秦始皇建造了一座地下城，供他死后居住。他与成千上万个真人大小的陶制兵马俑葬在一起。

3 贝拉一世（Béla I）去世之前作为匈牙利国王统治了3年，他死于他所坐的木制王座坍塌事故。

450 英国君主维多利亚女王在婚礼上收到了一轮重达450千克的巨大奶酪，这大概相当于一匹成年马的重量。

132 英格兰及爱尔兰国王亨利八世死时腰围据说有132厘米，这几乎是葡萄酒桶最粗处的两倍大。

4 公元69年，有4个不同的皇帝统治着罗马帝国。

110.4 制作古埃及法老图坦卡蒙的棺材用了110.4千克纯金。

30 1787年，一辆30匹马拉的巨大马车载着俄国女皇叶卡捷琳娜二世（Catherine the Great）游览了克里米亚地区。

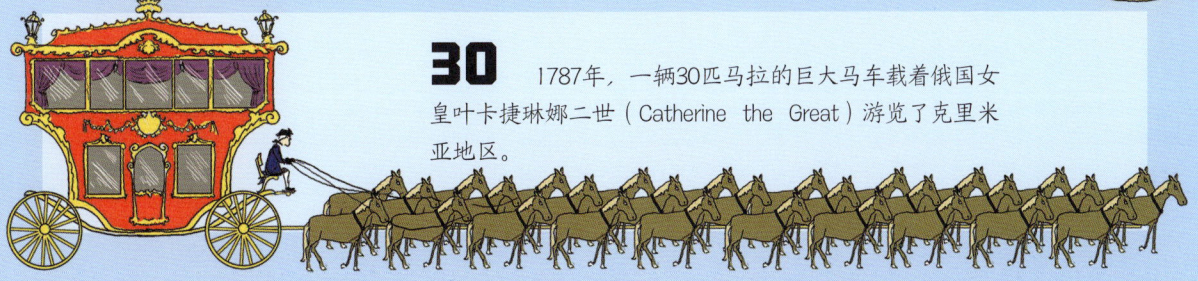

了不起的科技

2.041亿 2011年，每分钟有2.041亿封电子邮件被发送出去。

8~10 MPMan F10是世界上第一款便携式MP3播放器，首次发售于1998年，比第一款iPod早3年。在MPMan F10里，你最多可以存储8~10首三四分钟的MP3格式的歌曲。

0.025 "内诺吉他II"（Nanoguitar II）是世界上最小的可弹奏吉他，它的长度只有0.025毫米（不到一根人头发丝的粗细）。它必须用极精细的激光来演奏，而不是用手指。

240 阿布扎比法拉利世界主题公园的罗萨方程式过山车最高速度能够达到240千米/时。

3500 法国的奥德约（Odeillo）太阳能熔炉温度能够达到3500℃（35倍水的沸点温度）。这个熔炉用巨大的镜子把阳光聚焦到一个小区域，把它加热到非常高的温度。

9 一个普通的美国人一生要花9年时间在看电视上。

13 第一台商用计算机尤尼瓦克-1（UNIVAC 1）重13吨，差不多是3头成年大象的重量。

5127 戴森（James Dyson）在最终完善他著名的无袋设计之前，设计和测试了5127种不同原型（早期版本）的吸尘器。

30 摩托罗拉1973年开发的第一款移动无绳电话的电池只能用30分钟。这款电话重1.1千克，为它充电需要10小时。

130 1993年6月，万维网上共有130个网站，如今这个数字已经超过10亿。

14.83 拍卖网站易趣网上卖出的第一件商品售价为14.83美元，是一支坏了的激光笔。如今，这个网站每21秒就能售出一部手机。

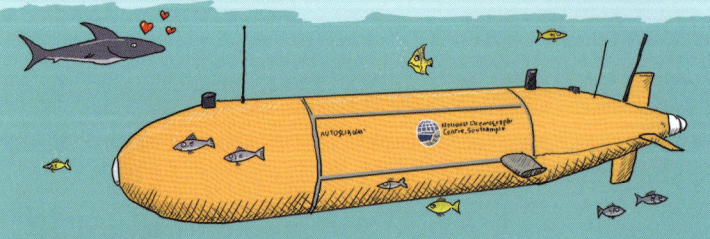

5000 一款名为奥托萨布-3（Autosub 3）的水下机器人用5000节手电筒电池来产生动力。它可以潜到海面以下1600米，一次可以在水下航行60小时。

5190万 2010年美国丢弃了5190万台电脑。

2.9 20世纪80年代下载一个9MB的音乐文件需要2.9天。当时人们使用一种名为声耦合器的装置,将早期的计算机连接到电话线上。

14,22,8 2010年,一架名为奎奈蒂克微风(Qinetiq Zephyr)的无人飞行器连续飞行了14天22分8秒。

6200 2001年,身在美国纽约的外科医生成功地通过机器人为远在6200千米以外的法国斯特拉斯堡的患者进行了手术。

2520 葡萄牙的莫拉光伏太阳能发电站有2520块巨大的太阳能电池板,每一块都有一幢房子那么大。它们从太阳中吸收能量,产生的电力足以供应30 000户家庭。

59 皮尔P50(Peel P50)是在售的最小的汽车,仅有59千克。这辆车长1.37米,可坐1人,没有倒挡。要停车的话,你得从车里出来,用手把它拉到停车位。

1 美国密歇根大学的研究人员制造了一台仅1毫米大小的完整的计算机。这个微小的装置有内存、电池和一个微型处理器——计算机的大脑。

60 000 1000个人每秒进行一次数学计算,需要60 000年才能完成克雷-泰坦(Cray Titan)超级计算机在1秒钟内进行的数学计算量。

6 电脑"深蓝"与国际象棋冠军卡斯帕罗夫(Gary Kasparov)进行了6局国际象棋。二者势均力敌,但电脑最后赢了。

聪明的蜜蜂

20 000 地球上生活着20 000种不同种类的蜜蜂。

4 蜂后的平均寿命是4年,但是它的工蜂只能活几星期。

4 蜂后产下的卵4天后即可孵化出幼虫。

3 蜜蜂蜇了你之后把所有毒液注入伤口需要3分钟,所以要赶快把蜇刺刮掉!

170 蜜蜂能闻到170种不同的气味。

1100 1100只蜜蜂同时蜇你可能会杀了你。

90 000 一只蜜蜂采集500克蜜要飞行90 000千米。

2 2汤匙蜂蜜提供的能量就足以让一只蜜蜂飞遍全世界。

4 华莱士巨蜂长4厘米,是世界上最大的蜜蜂。

2 来自巴西的无刺蜂身长2毫米,是世界上最小的一种蜜蜂。

1/3 我们吃的食物中有1/3是经过蜜蜂和其他昆虫为农作物授粉才有的。

8 蜜蜂通过跳8字舞来告诉其他蜜蜂去哪里采花蜜。

19 蜜蜂的身体由19节体节组成——6节头部、3节胸部(脖子和身体的其余部分之间)、10节腹部(蜜蜂的身体)。

5 蜜蜂的头上长着5只眼睛——2只大的和3只小的。

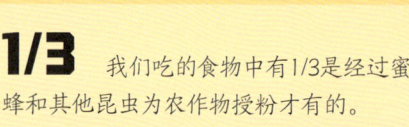

11 000 蜜蜂飞行时翅膀扇动的频率为每分钟11 000次,这样蜜蜂飞过时你就会听到嗡嗡声。

54 匆忙的大黄蜂的飞行速度为54千米/时。

24 蜜蜂飞行的最快速度为24千米/时。

1%, 2% 1%或2%的人对蜜蜂蜇刺过敏。

10 雌蜂的触角由10个节段组成,而雄蜂有11个节段。

6 大黄蜂能够飞行的最低气温是6℃,但它必须先抖15分钟,让自己足够暖和,才能飞行。

304 每100克蜂蜜含有304卡路里(约合1.27千焦)的热量。

14 蜂蜜开始结晶的温度是14℃。

400 被称为杀人蜂的非洲蜜蜂在南美洲和中美洲扩散的速度为400千米/年。

60 000 一个蜂群中一般有60 000只蜜蜂。

225 每天有225只蜜蜂被一种叫食蜂鸟的鸟捕捉并吃掉。

80% ~ 85% 蜂蜜的80% ~ 85%是纯糖。

0.1 蜜蜂蜇你时,会有0.1毫克的毒液注入你的身体。

48 蜜蜂在饮酒后恢复正常需要48小时。它们会吸取已经发酵的水果的蜜汁,有时还会从人们的酒杯里偷喝几小口啤酒或葡萄酒。喝醉的蜜蜂不能直走,也不能直飞,而且还会伸出舌头。

60 地花蜂所挖的洞穴能够深达60厘米。

0.08 普通工蜂一生的采蜜量是0.08茶匙蜂蜜。

200万 为了采集仅产出500克蜜所需的花粉,蜜蜂要光顾200万朵花。

恶劣的天气

1800 就在你读这句话的时候，世界各地可能有1800场雷暴雨正在发生。

119 当风速达到119千米/时的时候，这种风就被称为飓风。

15 一小朵常见的、棉花般的云朵中蕴含着15吨水。

1.2 印度毛辛拉姆(Mawsynram)村通常年降水量有1.2米。这是地球上雨水最多的地方。

200 加拿大纽芬兰省的大浅滩每年有200天大雾天气，这里是世界上雾最多的地方。

1.2亿 1934年的一场暴风雪中，有1.2亿吨泥土被吹到了美国芝加哥。

2 同一地点可能会同时出现2道彩虹。出现这一现象时，第二道彩虹会淡一些，而且它的颜色会以相反的顺序排列。

2 一道闪电中蕴含的电量可以供应一般的家庭用电量2周。

30 000 一道闪电的内部温度可以达到30 000℃。

218 000 一道闪电的速度能够达到218 000千米/时。

1.825 印度洋留尼汪岛上24小时内的降水量一度达到了1.825米，相当于一名高个子男性的身高。

353 1935年，一场龙卷风在美国穿行了353千米。

1200 每年有1200场龙卷风袭击美国，这个数字比地球上其他任何国家都多。

21 000 最大的雷雨云能够伸展到21 000米的高空。雷雨云也称为积雨云。

1 一片雪花飘落到地上需要1小时。

1 1986年，孟加拉国有一颗重达1千克的冰雹砸向地面。

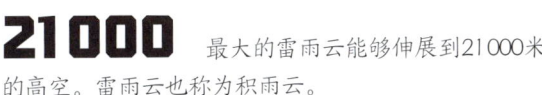

56.7 1913年，加利福尼亚州死亡谷达到了56.7℃的酷热高温，称之为死亡谷真是恰如其分。

1400万亿 地球上的水每天会蒸发1400万亿升。

400 智利阿塔卡马沙漠的某些地方已经400年没下过雨了。

187 北极点有187天极昼（太阳一直在地平线以上），接着是178天的极夜。

4267 1946年，美国飞行员塔尔博特（Curtis Talbot）为了制造第一场人造暴风雪，飞到了4267米高空。他把干冰撒在云里，雪花便开始飘落。

31 美国雷尼尔火山一年的降雪量是31米。

34.6 美国缅因州堆了一个巨型雪人——安格斯（Angus），其高度达到34.6米。这意味着它有10层楼那么高，它非常之大，以至于它的手臂都是用树做的。

-89.2 在南极洲东方站测得的地球最低温度是-89.2℃，那里的最高温度是-19℃。

41

古埃及

4 古埃及人在进行尸体的防腐处理时，会将取下来的肝、肺、胃和肠分别储存在4个神圣的罐子里。

11 古埃及有11位法老（统治者）被称为拉美西斯（Ramesses），意思是"拉神之子"。拉是古埃及的太阳神。

2 古埃及人哀悼死去的宠物猫时，经常把自己的2条眉毛剃掉。

6 有6位克娄巴特拉（Cleopatra）成为埃及女王，其中最著名的克娄巴特拉于公元前51年前后开始执政，她也是古埃及的最后一位法老。

10 古埃及的一周是10天。许多人每周或每两周只有一天休息……你可以想象当时的学校有多糟！

20 在阿布辛贝神庙外发现了4尊拉美西斯二世法老的巨型雕像，每一座都有20米高，比成年长颈鹿高3倍！

102 据说法老阿孟霍特普三世（Amenhotep III）用箭射死了102头狮子。

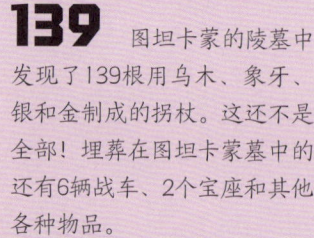

140 包裹木乃伊要用140米布料。

139 图坦卡蒙的陵墓中发现了139根用乌木、象牙、银和金制成的拐杖。这还不是全部！埋葬在图坦卡蒙墓中的还有6辆战车、2个宝座和其他各种物品。

700 《埃伯斯纸草卷》记载了700种不同的疗法和药剂，这是一本令人惊叹的古埃及医学文献。其中一个疗法是将猪眼睛和其他成分混合，以帮助盲人重见光明。

52.4 腕尺的长度大约为52.4厘米。腕尺是古埃及广泛应用的一种测量单位，以成年人手臂从肘部到指尖的长度为基础。

1224 法老胡夫（Khufu）的陵墓附近埋着1224片古埃及船只的碎片，将这些碎片重新组装成一艘43.5米长的木船花了13年。

2000 古埃及人崇拜2000位男神和女神。其中一些神有兽头，如死神阿努比斯（Anubis）、天神荷鲁斯（Horus）。

700 古埃及字母表由700幅被称为象形文字的小图片组成，它们都是辅音，没有元音。

100 000 古埃及象形文字中，画一只青蛙或一只蝌蚪表示100 000。

100 100在古埃及象形文字中是用一卷绳子表示的。

70 通常尸体经过精心的防腐处理，变成木乃伊需要70天，此时木乃伊已全部用亚麻布条包裹好，就等着下葬了。

4 古埃及人在尼罗河中捕鱼、洗澡或洗衣服时面临的最大危险之一就是4米长的尼罗鳄。

22 阿布辛贝的拉美西斯二世神庙外雕刻着22尊狒狒的石雕像，听起来某些古埃及人似乎是猴子控！

0 根据历史学家的说法，古埃及儿童穿过的衣服数量是0。

5500 在大约3300年前的卡迭石战役中，有5500辆战车参战，这是有史以来最大的战车战。法老拉美西斯二世的军队与赫梯人在今叙利亚地区作战。

40 1881年在代尔拜赫里发掘出了40具合葬在一起的木乃伊，其中之一是伟大的法老拉美西斯二世。1974年乘坐飞机飞向法国巴黎时，他获得了一本护照，护照显示他的工作是"国王（已故）"。

3 古埃及的一年被划分为3个季节。尼罗河淹没农田的时候为泛滥季；作物种植和生长的时候为耕种季；而收获季是从3月到5月，是作物收割的时间。

180 000 19世纪80年代，180 000具古埃及动物木乃伊，其中大部分是猫，从埃及运到了利物浦，并被碾碎撒在农田里作肥料。

疯狂的建筑

4.5 土耳其的多尔玛巴赫切宫里一个巨大的水晶吊灯重达4.5吨，和一头成年亚洲象一样重。

3000万 土耳其伊斯坦布尔圣索菲亚大教堂里的镶嵌画由3000万块马赛克瓷砖构成。

4 在晴朗的日子里，从美国芝加哥西尔斯大厦（现名威利斯大厦）的楼顶可以看到4个不同的州。

7 美国拉斯维加斯的永利酒店有7个人造瀑布。

6500 美国纽约帝国大厦有6500扇窗户。

33 000 迪拜一家购物中心的巨型水族箱里有33 000只动物。

4.2 英国伦敦大本钟的分针长4.2米。

40 000 英国伦敦的白金汉宫有40 000只灯泡。

35 000 法国巴黎的卢浮宫美术馆收藏了35 000件艺术品。

1 056 006 澳大利亚悉尼歌剧院的屋顶覆盖着1 056 006块瓦。

100 000 法国人罗伯特（Alain Robert）不使用任何绳索或登山设备，徒手攀登阿布扎比国家银行大楼，这一壮举吸引了100 000人观看。

410 建造美国纽约帝国大厦用了410天。

102 帝国大厦有102层。

20% 日本东京20%的树木生长在皇宫内。

20 000 建造印度的泰姬陵雇用了20 000名工匠。

28 建造泰姬陵用了28种不同类型的宝石。

44 碎片大厦是伦敦最高的摩天大楼，上面安装了44部电梯。

8704 中国北京的故宫有8704间房间。

158 世界上最高的清真寺位于迪拜哈利法塔的158层。

1860 从地面一层一直走到帝国大厦的顶层总共要跨过1860级台阶。

100 印度阿姆利则的金庙外表镀有100千克黄金。

78 英国伦敦的白金汉宫有78个卫生间。

50 法国巴黎的埃菲尔铁塔每7年就要用50吨深棕色油漆重新涂刷一次。

6225 澳大利亚悉尼歌剧院用了6225平方米玻璃。

1.5 把文莱苏丹的一辆车从车库里挪出来需要1.5小时，因为他的车库里有成千上万辆车。

4 意大利比萨斜塔倾斜了4°。

战争与军队

50 000 50 000罗马人在公元前216年的坎尼之战中被杀,他们被一位名叫汉尼拔(Hannibal)的著名将军指挥的军队打败了。

450 第一次世界大战期间,刘易斯式轻机枪每分钟可打出450发子弹。

168 被称为征服者的168名西班牙士兵于1532年到达了南美洲一个叫卡哈马卡的城市。他们成功地战胜了当地的印加人,当时印加人的军队多达80000人。

300 一种叫抛石机的弩炮在围攻城堡时可将石头抛射300米远。

42.195 据说,公元前490年,一位古希腊信使为了传达战斗胜利的好消息,奔跑了42.195千米。那场战斗发生在马拉松,因此今天"马拉松"这个词就代表长度为42.195千米的长跑比赛。

4.8 一种叫小威利的非常早期的坦克在地面上行驶的最高速度是4.8千米/时,英国军队在第一次世界大战中使用的就是这种坦克。

3 20世纪40年代,美国在一枚试验性的导弹内部放了3只鸽子,设想让鸽子通过啄击屏幕来引导导弹,但这种鸟脑武器并不成功。

120 第一次世界大战期间,巨大的巴黎炮发射的每一发炮弹都有120千克重。

2 285 000 2011年,有2 285 000万名军人在中国陆军和其他军种服役。

54 1978年,一把价值54美分的刮漆刀掉下来卡在美国海军潜艇"剑鱼"号里,结果修理这艘潜艇花了171 000美元。

70 一位名叫亚历山大大帝的著名将军建立了70个城市,甚至可能更多。他率领30 000多人的军队在欧洲、非洲和亚洲征战。

1 357 800 1 357 800名法国士兵死于第一次世界大战。

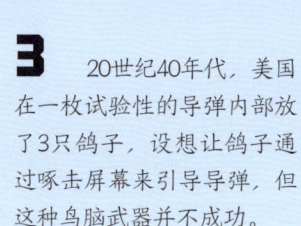

10~12 中世纪一名熟练的长弓手可以在一分钟内射出10~12支箭。

2 2个法国军团在1690年的弗勒吕斯之战中都误以为对方是敌人而互相攻击。哎哟!

10,1 10名罗马士兵中会有1人被一种叫"十一抽杀律"的处罚杀死。如果一支部队犯了错误,被抽中的这名士兵将受到惩罚,有时甚至会被处死。

3 英格兰哈罗德国王的军队在英格兰北部与北欧海盗作战的斯坦福桥战役刚过去3周,就爆发了抗击诺曼人的黑斯廷斯战役(1066年)。

51112 据信在1863年的葛底斯堡战役之战中,有51112名士兵阵亡或受伤,这是美国内战中死伤最惨重的一场战役。

250 据估计,在1861—1865年的美国内战中,有250名妇女乔装成男人参加了战斗。

80 第一次世界大战中,最成功的战斗机飞行员里希特霍芬击落了80架飞机。

5 在74号(黏性)手榴弹爆炸之前,一个士兵只有5秒钟时间把它投掷出去。这种第二次世界大战时使用的手榴弹,外层包裹着能让其粘在敌方车辆上的黏胶,结果使用时常常会粘在投掷者的衣服上。

1.2 墨西哥阿兹特克勇士的佩剑是一种名为黑曜石锯剑的长剑,剑长1.2米。锋利的石片沿着剑缘嵌在剑上,使之成为致命武器。

60% 第一次世界大战中,参与索姆河会战的英国军官有60%在战斗开始的第一天就阵亡了。

0 哥斯达黎加军队的士兵数量是0。自1949年以来,这个中美洲国家的法律就禁止其拥有永久的军队。

110 世界上最小的军队——瑞士近卫队由110人组成,它是教皇所在的梵蒂冈卫戍部队。

5 16世纪,被称为"龟船"的朝鲜战船上安装有5门不同类型的大炮。这艘坚不可摧的战船前部有一个龙头,可以喷出火焰恐吓敌人。

21 发生在克里特岛的干地亚围攻战(1648—1669)持续了21年,被认为是历史上持续时间最长的攻城战。

22717 在安蒂特姆战役中,一天之内伤亡人数达到22717人。这是美国内战中最血腥的战役。

恒星和行星

3 木星上巨大的风暴气旋里可以塞进3个地球,这个风暴气旋被称为大红斑。

164.8 1个海王星年等于164.8个地球年。1个海王星年就是海王星绕太阳公转一周所需要的时间。所以海神尼普顿不适合过生日。

75.3 哈雷彗星每次造访地球的时间间隔是75.3年。下一次从地球上可以看到这颗彗星的时间是2061年。

27 天王星有27颗卫星。

299 792 光从太阳这样的恒星出发,在宇宙中穿行的速度是299 792千米/秒。

25 火星上的奥林匹斯火山高25千米,是珠穆朗玛峰的2.5倍多,是整个太阳系中最高的山。

464 金星的表面温度达464℃——太炙热了!金属锡、锌和铅放到金星表面都会熔化。

30亿 大犬座VY的直径大约是30亿千米。它是宇宙中最大的恒星之一,比太阳大2000多倍。

4000 火星上的巨大峡谷——水手峡谷长4000千米。它有些地方深达7千米,比美国的大峡谷深5倍。

317.8 木星是太阳系中最大的行星,它的质量相当于317.8颗地球。

600万 遥远的天鹅座恒星OB2-12的亮度比我们的太阳亮600万倍。

1 土星是太阳系中的1颗行星,其密度比水还小,能漂在游泳池里(如果能找到足够大的游泳池的话)。

10 加拿大10岁的格雷(Kathryn Aurora Gray)在2011年发现了一颗新的超新星(一种正在爆炸的恒星),她是最年轻的发现超新星的人。

43 000 巨大的木星每小时旋转43 000千米。尽管它比地球大得多，但它完成一圈自转只需要不到10小时。

26.8 火星最大的卫星火卫一的直径为26.8千米。这非常小！地球的卫星——月球的直径为3476千米。

29.5 土星绕太阳公转一周需要29.5年。

716 一颗名为PSR J1748-2446ad的脉冲星（一颗旋转的恒星）每秒旋转716次，会让你头晕目眩！

5600万 乘着一辆小汽车以80千米/时的速度从地球行驶到比邻星需要5600万年。比邻星是太阳系外最近的恒星。

13 海王星有13颗卫星。

23 2003年发现了23颗木星新卫星。干得好，天文学家！

5 1930年，英国11岁的伯尼（Venetia Burney）获得了5英镑作为礼物，当时她为一颗新发现的行星所取的名字被选中了。她给这颗行星取名为普卢托（即冥王星），现在所知它是一颗矮行星。

2000亿 银河系中有2000亿颗恒星，地球也在这个星系之中。

167 000 最小的恒星直径为167 000千米，只比木星大16%。它发现于2004年，被命名为奥格尔-TR-122b（Ogle-TR-122b）。

42 天王星一个冬季或夏季长达42年。

1 1茶匙高密度白矮星重达5~15吨。

120 银河系和仙女座星系正以120千米/秒的速度沿着一条可能发生碰撞的路径相互逼近。

3.3 恩克彗星绕太阳公转一周需要3.3年。彗星的核心只有10~100千米宽，但它们的尾巴长度可超过1亿多千米。

67 围绕太阳系最大的行星——木星运行的卫星有67颗。

100 000 光从银河系的一端传到另一端需要100 000年。

90 宇宙中迄今为止所发现的最冷的恒星只有90℃，这颗恒星距离地球约75光年（光传播75年走过的距离），而大多数恒星的温度为数千摄氏度。

2.5亿 1843年观测到的大彗星，其尾巴的长度估计有2.5亿千米，比地球到火星的距离还要长。

49

傻乎乎的虫子

205 象兜虫的幼虫能达到205克重。

80% 非洲死亡人口中有80%死于疟疾。疟疾是一种通过蚊虫叮咬传播的疾病。

62760 昆虫最快的翅振纪录是一分钟62760次,这是由一种微小的蠓创造的。

1417 世界各地的人们经常食用的不同类型的昆虫和其他虫子有1417种。

3.5万亿 1875年在美国内布拉斯加州看到的一个蝗虫群里有3.5万亿只蝗虫。这个蝗虫群覆盖了512817平方千米。

70 一种0.6厘米长、被称为沫蝉的小虫子可以跳跃70厘米。如果你也能跳到自己身高的这么多倍,你可以一跃跳过一座250米高的大楼。

8 大多数蜘蛛都是8只眼睛分成四对排列在头顶周围。

55 1864年在苏格兰的海滩上发现了一条巨纵沟纽虫(俗名靴带蠕虫),长达55米。这条巨长的蠕虫的长度是一个板球场长度的两倍多。

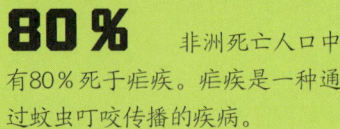

30 30种蜘蛛带有足以对人类构成威胁的强力毒液。世界上大约有40 000种蜘蛛,几乎所有蜘蛛咬一口都会释放出毒液。

6.7 1937年在非洲发现的一条巨型蚯蚓长达6.7米。如果这条蚯蚓能站立起来,它几乎和长颈鹿一样高。

3 有一种蠓的幼虫可在液氮中生存3天。液氮是一种温度为-196℃的化学物质。

75 有一种生活在恐龙之前的远古蜻蜓,其翼展有75厘米。

900 非洲大蜗牛的最大重量纪录是900克。这只超级蜗牛长39.3厘米。

30 000 一些白蚁蚁后每天能产30000颗卵。

3亿 3亿年前,北美出现了第一只蟑螂。

30 世界上最大的巨蟹蛛其足展长度有30厘米。

750 世界上所有动物腿的数量的最高纪录为750条。这种多腿怪物是一种罕见的美洲马陆,其英文学名的意思是"全是腿"。

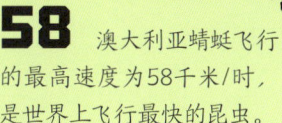

3432 一只向南迁徙的黑脉金斑蝶（俗名帝王蝶）飞行了3432千米。它身上装了一个卫星标签，这样可以追踪它的行程。

11 一只雄性帝蛾可以隔着11千米闻到一只雌性帝蛾的气味。

58 澳大利亚蜻蜓飞行的最高速度为58千米/时，是世界上飞行最快的昆虫。

30 一只蜘蛛每天能吐30米丝。

5000 一只瓢虫一生可以吃掉5000只昆虫。

12.8 非洲发现的一个巨大的白蚁丘高达12.8米，和4层楼一样高。

71 新西兰的一种巨沙螽（zhōng）有史以来最重的成虫重71克，相当于3只小家鼠的重量。

1.5 一种金色圆蛛所织的蜘蛛网的周长有1.5米。

400 000 目前科学上已知的甲虫有400 000种。目前地球上现存的已知的动物物种中，每4种中就有1种是甲虫。

86 000 一只多音天蚕蛾的幼虫在其生命的头56天里要吃掉86 000倍于自身重量的树叶。

150 150个蚕茧的蚕丝才能做一条丝绸领带。

100 一个100米长、1米宽的行进中的蚁群中可能有100多万只蚂蚁。

511 一个名叫舒福博特姆（Tom Shufflebotham）的学生用"魔法"在30分钟内将511条蚯蚓引出地下。他快速摇动插进土壤中的长柄杈，诱使蚯蚓爬出地面。

北美洲

6194 阿拉斯加的麦金利山海拔6194米，是北美洲最高的山。

50 美国由50个州组成。夏威夷州在1959年加入，是最后一个加入的州。

90% 牙买加人口的90%是非裔，尽管牙买加位于加勒比海地区。

23 北美洲有23个国家。这些国家分别为：加拿大、美国、安提瓜、巴哈马、巴巴多斯、牙买加、海地、多米尼克、多米尼加、特立尼达和多巴哥、圣基茨和尼维斯、圣卢西亚、圣文森特和格林纳丁斯、古巴、格林纳达、巴拿马、伯利兹、哥斯达黎加、萨尔瓦多、洪都拉斯、危地马拉、墨西哥、尼加拉瓜。格陵兰岛也在北美洲，但它是丹麦王国的一部分。

269 北美洲最小的国家是圣基茨和尼维斯，面积只有269平方千米。

42 墨西哥有42座火山，其中许多仍然很活跃。

75% 世界上75%的间歇泉（热泉）位于美国的黄石国家公园。

24 230 000 北美大陆的面积是24 230 000平方千米。

4088 密苏里河长4088千米，是北美洲最长的河流。

200 000 美国佛罗里达大沼泽地里生活着200 000只鳄鱼。

720万 美国向俄国购买阿拉斯加花了720万美元。

446 美国亚利桑那州的大峡谷长446千米，最深处达1800米，是世界上最壮观的自然奇观之一。

21% 美国和加拿大的五大湖占有全世界21%的淡水量。五大湖分别为苏必利尔湖、密歇根湖、休伦湖、伊利湖和安大略湖。

80 000 开凿连接大西洋和太平洋的巴拿马运河用了80 000人。巴拿马运河缩短了两大洋之间的航程，从环绕南美洲的12880多千米缩短到运河长度——只有30千米。

4.8％ 北美洲的面积占地球表面积的4.8％。

209 美国、加拿大以及很多中美洲国家和墨西哥，仍有209种美洲原住民语言在使用。

13,50 美国国旗上有13道条纹和50颗星，它们分别代表了建国之初的13个州和现在的50个州。

4800 落基山脉全长4800千米，它北起加拿大，南至美国南部的新墨西哥州。

98％ 加勒比海地区98％的岛屿无人居住。

2 加拿大的官方语言有2种：英语和法语，差不多五分之一的人会说两种语言。

400亿 美国每年要消耗掉400亿个汉堡。

7000 加勒比海有7000个岛礁。

200万 加拿大分布着200万个湖泊。它们所含的水量可以将整个国家覆盖在2米深的水下。

40％ 全球40％的玉米种植在美国。

20 20米高的墨西哥巨型仙人掌是世界上最大的仙人掌品种。它生活在墨西哥北部和美国南部的沙漠中，寿命可达200年。

4 南达科他州的拉什莫尔山侧面雕刻着4位美国总统的头像。他们是华盛顿（George Washington）、杰斐逊（Thomas Jefferson）、罗斯福（Theodore Roosevelt）和林肯（Abraham Lincoln）。

恐龙

6500万 6500万年前，恐龙在地球上灭绝。

70 一只剑龙的小脑袋重量只有70克，剩下的身体其他部分重达3000千克！

1.6亿 恐龙时代持续了1.6亿年。

80 一只腕龙重80吨，是所有恐龙中最重的。

65 伶盗龙追逐猎物时的奔跑速度是65千米/时。

50 令人恐惧的霸王龙有50颗大而锋利的牙齿，这意味着它可以想吃什么就吃什么。

227 霸王龙一口可以吃掉227千克肉。

2 棘龙的头长2米，和一个高个子男人的身高一样。

100 庞大的蜥脚龙家族成员的寿命有100年。

3 在法国发现的一颗30厘米长的恐龙蛋可以容纳3升蛋液。不过它已经有1亿年的历史了，所以用来做一个超大的蛋饼可能不够新鲜！

77 甲龙向敌人挥动它巨大的尾巴，速度能够达到77千米/时，这就是它的致命武器。

3 恐手龙（意为可怕的手）3只30厘米长的爪子有最恐怖的抓力，可以抓住任何恐龙。

180 一只腕龙每天能吃掉180千克植物。

30 一颗巨大的恐龙牙齿的牙根加牙冠长30厘米。这是一只霸王龙的牙齿。

30 剑龙尾巴末端有几根30厘米长的尖刺，这意味着当它朝攻击者甩动尾巴时，尾巴就成了致命的武器。

836万 1997年，芝加哥一家博物馆购买一具霸王龙骨架支付了836万美元。这只恐龙的名字是休（Sue），公众可以参观。

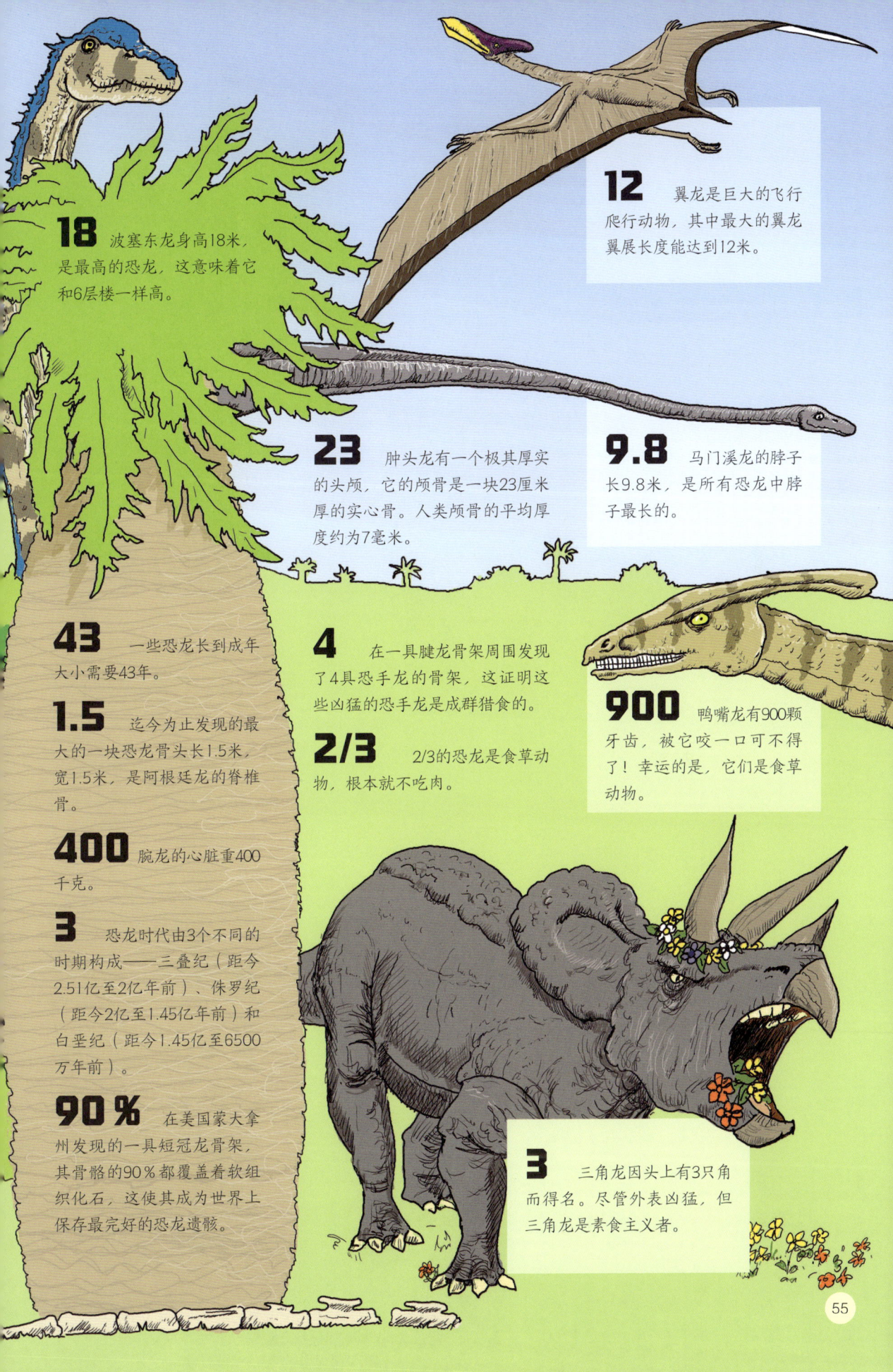

18 波塞东龙身高18米，是最高的恐龙，这意味着它和6层楼一样高。

12 翼龙是巨大的飞行爬行动物，其中最大的翼龙翼展长度能达到12米。

23 肿头龙有一个极其厚实的头颅，它的颅骨是一块23厘米厚的实心骨。人类颅骨的平均厚度约为7毫米。

9.8 马门溪龙的脖子长9.8米，是所有恐龙中脖子最长的。

43 一些恐龙长到成年大小需要43年。

4 在一具腱龙骨架周围发现了4具恐手龙的骨架，这证明这些凶猛的恐手龙是成群猎食的。

900 鸭嘴龙有900颗牙齿，被它咬一口可不得了！幸运的是，它们是食草动物。

1.5 迄今为止发现的最大的一块恐龙骨头长1.5米，宽1.5米，是阿根廷龙的脊椎骨。

2/3 2/3的恐龙是食草动物，根本就不吃肉。

400 腕龙的心脏重400千克。

3 恐龙时代由3个不同的时期构成——三叠纪（距今2.51亿至2亿年前）、侏罗纪（距今2亿至1.45亿年前）和白垩纪（距今1.45亿至6500万年前）。

90% 在美国蒙大拿州发现的一具短冠龙骨架，其骨骼的90%都覆盖着软组织化石，这使其成为世界上保存最完好的恐龙遗骸。

3 三角龙因头上有3只角而得名。尽管外表凶猛，但三角龙是素食主义者。

神奇的时尚

7.5 中国女孩的脚曾被缠成金莲足，长度只有7.5厘米。她们脚上的骨头被折断，脚被裹缠起来。这种社会习俗在1949年被禁止。

1060 菲律宾总统夫人伊梅尔达·马科斯（Imelda Marcos）和丈夫被驱逐出境时留下了1060双鞋。

4.5亿 美国每年会售出4.5亿条牛仔裤。

70 000 一名摄影师在纽约时装周期间会拍摄70 000张照片。

16 卡拉布里亚的菲利普（Philip of Calabria）王子曾经同时戴着16副手套，因为他太喜欢它们了！

2.69 土耳其安卡拉搭建了一个长达2.69千米的巨型T形台。

642 一位叫韦茨曼（Stuart Weitzman）的设计师制作了一双闪闪发光的鞋子，鞋子上镶嵌了642颗红宝石。

2 有一件古怪的婚纱，它的拖裙长达2千米！

3500 英国皇家芭蕾舞团的芭蕾舞演员每年会穿坏3500双芭蕾舞鞋。

76 在16世纪的威尼斯，76厘米高的松糕鞋，即高底鞋，非常时髦。

46 1913年制造的一顶高顶礼帽高46厘米,是世界上最高的礼帽。

65 美国女演员伊丽莎白·泰勒(Elizabeth Taylor)在电影《埃及艳后》中穿过65套不同的服装。

40 19世纪的女性都穿着绑带束身内衣,40厘米的腰围成为当时的时尚。现在,女性的腰围一般在85厘米左右。

22 2010年,美国歌手女神卡卡(Lady Gaga)用22千克真牛肉做了一件连衣裙。那是一件很重的连衣裙。

460万 20世纪60年代著名电影明星梦露(Marilyn Monroe)的一件连衣裙在拍卖会上卖出了460万美元。

4 举办国际公认的时装周的城市有4个。时装周期间,设计师们会在T台上展示他们的新系列。这些城市是纽约、伦敦、米兰和巴黎。

2700 2700颗闪闪发光的钻石装饰着一瓶价值100万美元的香水。

我讨厌婚礼!

50000 古驰(Gucci)一个时装秀的T台上撒下了50000朵玫瑰的花瓣。

2009 在中国的一场婚礼上,有一件华丽的婚纱是将2009根孔雀羽毛缝在一起制成的。

可怕的死亡

8.34亿 据统计，平均每乘坐8.34亿次露天游乐场的机动游乐设施，就会发生一次致命事故。

-196 人体或大脑在-196℃时会冷冻至生命暂停状态。此时可以将人体保存起来，等待未来的某个时间，那时医学的进步能让人生命重启。

40亿 2009年，匈牙利的佩拉迪兄弟（Zsolt Peladi, Geza Peladi）的祖母给他们留下了40亿英镑的遗产。在慈善工作者找到这对兄弟并告诉他们这个消息之前，他们一直住在山洞里，靠捡拾残羹剩饭活着。

30000 一具豪华棺材售价30000美元。它是由实心青铜制成的，外面镀金。

600 美国每年有600人从床上跌落而死。

200000 1862年，一个叫巴德（Henry Budd）的男子给自己的儿子们留下了200000英镑的遗产，唯一的条件是他们永远都不能留小胡子。

23 司机开车的时候发短信，导致撞车事故发生的可能性会提高23倍。

1.4 1567年，施泰宁格（Hans Steininger）的络腮胡长到了1.4米。他的胡子太长了，结果他被自己的胡子绊倒，摔断脖子死了。

21 1919年，在美国波士顿有21人被糖浆淹死了。当时一个装着黏稠糖浆的巨大罐子破裂，糖浆如潮水般涌出，遍布了整个街道。

13 1794年，一艘名为"杰卡尔"号的船上鸣响了13声枪响，以欢迎美国探险家肯德里克（John Kendrick）。当时他就在附近自己的船上，结果其中一把枪里射出的子弹击中了他，把他打死了。唉！

20 1811年，汤利（William Townley）在格洛斯特被处以绞刑，20分钟后一个骑士赶到现场，送来了取消死刑判决的法律文书。

11 一位名为索尔兹伯里伯爵夫人的英国贵妇于1541年被执行死刑，行刑者用斧子砍了11下才砍掉她的头颅。

163 有两兄弟死后在他们纽约的公寓里留下了163吨垃圾,其中包括旧报纸、坏掉的婴儿车等。兄弟俩一个被倒下的垃圾砸死,另一个则被困在了公寓里。

870~980 火化炉炉膛的温度是870~980℃。

1500 完成一具遗体的塑化工作需要1500小时。这个过程通过用一种很像塑料的液体代替遗体内原有的液体来保存遗体。

37 1978年至1995年间,美国有37人因使劲摇晃自动售货机而死亡。这些自动售货机被摇得倒下来砸在他们身上,把人砸死了。

21000 波兰切尔姆纳头骨教堂的地下室里有21000具人体骨架。教堂的天花板上还嵌有数百根腿骨。

7 画家兼诗人罗塞蒂(Dante Gabriel Rossetti)的妻子入土7年后,罗塞蒂重新打开了她的棺材。他想找回7年前埋葬妻子时,用于陪葬的他的一些诗歌的抄本孤本。

95 有95个国家已经废除了死刑。

2427 1618年,瑞士小镇普勒斯发生了一场巨大的雪崩,造成2427人死亡。

1/79 842 在美国,人们被蜜蜂、大黄蜂或黄蜂蜇死的概率是1/79 842。

9 1814年,伦敦一家啤酒酿造厂的酿造罐爆裂,造成9人死亡。街道被100多万升啤酒淹没了。

32 1942年,32人在"特立尼达"号上被杀,他们被一枚在战斗中错误发射的鱼雷击中。这枚发射出去的鱼雷嗖嗖地转了一大圈,又转回头打中了发射它的军舰。

29 英国探险家雷利(Walter Raleigh)爵士被斩首29年后,他的妻子仍将他的头保存在一个红色的皮革袋里。

庞大的机器

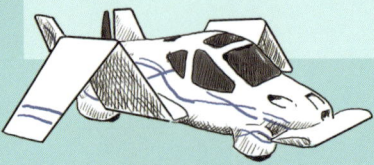

113 2006年，一辆卡车拖动了113节拖车。这些拖车一节节连在一起，和卡车一起形成了一辆长达1.47千米的运输车。

2.3 一辆布加迪威龙轿车从100千米/时的速度减慢到停止只需要2.3秒。

202.9 2009年，一种名为"绿鸟"的陆地交通工具速度达到了202.9千米/时。它没有引擎，而是由吹过美国内华达州一个干涸湖泊上的风驱动的。

90 特拉福嘉公司的"飞跃"飞行汽车着陆后，收起机翼只需90秒或更短的时间，然后它就会像普通汽车一样飞驰而去。

300万 世界上最昂贵的房车售价300万美元。它配有甲板式阳光露台、壁炉，车身油漆在黑暗中能发光，所以即便是晚上也不会找不到。

0.8 "直线加速高速赛车"（Top Fuel）是专为竞速拉力赛改装的赛车，它从静止加速到160千米/时仅用时0.8秒。

266 2003年，巴克斯特（Billy Baxter）驾驶其摩托车达到了266千米/时的速度。他成为有史以来最快的盲人摩托车手。

18 超声速小汽车"超声速推进号"（Thrust SCC）的喷气发动机每秒钟燃烧18升燃料量。它以1228千米/时的速度打破了陆地车速的世界纪录。

85 美国海军巨大的尼米兹级（USS Nimitz）航空母舰可以装载85架飞机。

6318 世界上最大的邮轮是皇家加勒比国际公司的"海洋魅力"号（Allure Of The Seas），上面可以承载6318名游客。这艘庞大的邮轮长362米，船上有一个图书馆、溜冰场和种植着超过12 000株植物的公园区。

890 生产一个"59/80R63 XDR"型轮胎要用掉890千克钢材和3850千克橡胶。这种轮胎用于大型自卸卡车，每个轮胎的橡胶用量可以制造出600个普通的小汽车轮胎。

38 000 驱动哈策尔摩托车博物馆（Harzer Bike Schmiede）里一辆5.5米长、带侧车斗的大型三轮摩托车的巨大发动机，其排量为38 000立方厘米（毫升）。大多数家用汽车的排量只有1200~2200毫升。

150 000 一级方程式赛车威廉斯FW26（Williams FW26）在比赛时，车载电脑每秒钟会将150 000个不同的测量数据上传回车队基地。

398 艾玛·梅尔斯克号（Emma Maersk）是一艘巨大的集装箱船，长398米，比4个足球场还长。

61.57 1999年，一辆巨型卡车开上斜坡、跨越一架波音727客机时飞跃了61.57米。好大一个噱头！

50 巨大的货运飞机——苏联安东诺夫设计局研制的安-225运输机"米莉亚"（AN-225 Mriya）可以运载50辆汽车。这种飞机可以装载重达250吨的货物。

1088 "大脚5"号巨型卡车每个轮胎都有3.04米高，重1088千克。每个轮胎都比2匹成年马加起来还重。

418 世界上最大的民用气垫船SR.N4可以承载418名乘客和多达60辆车。1968年到2000年间，这艘船就在英吉利海峡两岸穿梭。

26 世界上最长的加长豪华轿车上有26个轮子。该车超过30米长，有个甲板式阳光露台、按摩浴缸和直升机停机坪。

85 一辆名为"特雷克斯RH400挖掘机"的工程车一铲子可以铲走85吨岩石或泥土，这比20只河马的重量还重。

22 1999年，一架强大的米格-26型直升机将一块22吨重的冰吊起并运到了实验室，冰里面有一只已灭绝的长毛猛犸象的尸体。

0.06 本田金翼GL1800型摩托车的安全气囊检测到碰撞后，仅需要0.06秒就可以将氮气充入气囊，以保护车手头部。

120 一级方程式赛车的轮胎在赛后温度能够达到120℃，这个温度足够在上面煎个鸡蛋了。

475.8 航天飞机的履带式运输车将航天飞机运载到发射台时，每行驶1.6千米需要消耗475.8升燃料。

605 "冲击波"（Shockwave）是一辆由3台飞机喷气发动机驱动的大卡车，它的最高速度为605千米/时。

853 巨大的空客A380客机单次可以承载853名乘客。

危险的动物

471 自1580年以来，有471人被鲨鱼咬死，另有1992人在鲨鱼的袭击中幸存下来。

1.8 鹤鸵是澳大利亚的一种鸟，身高1.8米，它生气时能够把人踢死。

800 斯里兰卡每年有800人死于蛇咬伤，就蛇类的威胁而言，斯里兰卡是世界上最危险的国家。

10～15 美国佛罗里达州的新士麦那比奇每年有10～15名冲浪者被鲨鱼咬伤。

1 冠鹰雕是一种野生鸟类，人们怀疑它偶尔会猎杀人类，因为人们在它的巢穴周围发现过幼童的尸体。

2.25 雄性科莫多巨蜥平均身长2.25米。科莫多巨蜥是世界上最大的蜥蜴，也是唯一一种有食人习性的蜥蜴。

23,7 23种鳄鱼及其近亲中，已知会吃人的有7种。

750 000 葡萄牙战舰水母每条长达30米的触须上都长有750 000个蜇刺器官。被它蜇一下会非常疼，但很少致命。

1600 大白鲨的咬合力大约是1600千克。

1 豹形海豹是所有海豹中最凶猛的，目前已知有1个人就是被豹形海豹杀死的。

600 一条大型加蓬咝蝰身上带有600毫克毒液，足以杀死10个成年人。

500 每年有500人被大象杀死，他们通常都是被踩踏而死的。

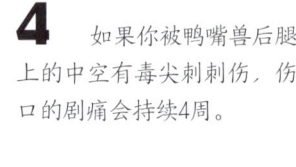

20 000 1只金色箭毒蛙皮肤上的毒素可以杀死20 000只老鼠。

30 有的人有时候被印度红蝎子蜇到，30小时后才会死。

4 如果你被鸭嘴兽后腿上的中空有毒尖刺刺伤，伤口的剧痛会持续4周。

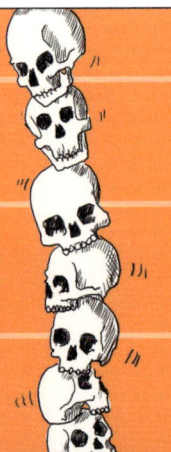

2 射毒眼镜蛇从它的毒牙中喷出的毒液能够喷射2米远。它的目标是受害者的眼睛，毒液可致其失明。

10 杀手芋螺是一种致命的海蜗牛，平均长度10厘米，它会从外壳顶端的一个洞中射出充满毒液的飞镖。

300 平均每年有300人被愤怒的河马杀死。河马是非洲最危险的大型动物。

19 剧毒的黑曼巴蛇滑行的最高速度是19千米/时，这使得被它盯上的目标很难逃脱。

1.35 一只流浪蜘蛛1厘米长的毒液腺中储存有1.35毫克毒液。

14 1956年研制出抗毒素以前，澳大利亚有14人死于红背蜘蛛咬伤。

250万 全世界每年有250万人被蛇咬伤，其中有125000人死亡。

650 一条大电鳗可以产生650伏的电流，这足以杀死一个人。

10 蓝环章鱼只有10厘米大小，但它的毒液足以杀死10个人。

3 新几内亚有3种林鵙鹟鸟是有毒的，如果你吃了它们就会生病。

700 一头巨大的非洲野水牛重700千克。这种动物体型庞大，令人生畏，甚至连狮子都不敢去捕猎它们。

462 1963年，一位名叫福克斯（Rodney Fox）的渔民被大白鲨咬伤后，缝合伤口缝了462针。

300 1981年，一艘船在巴西倾覆，当时船上的300人在一天之内就被食人鱼吃掉了。

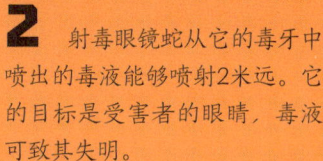

3 美国和加拿大平均每年有3人被野生熊杀死。

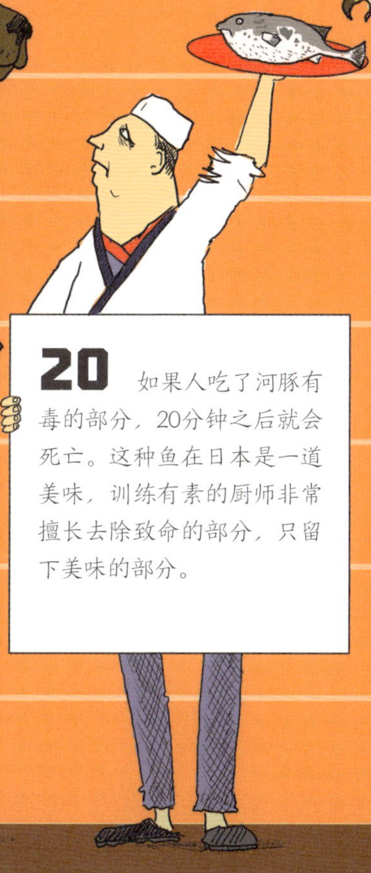

20 如果人吃了河豚有毒的部分，20分钟之后就会死亡。这种鱼在日本是一道美味，训练有素的厨师非常擅长去除致命的部分，只留下美味的部分。

4 2009年，在苏格兰的法夫，4名慢跑者被一只愤怒的䲹（kuáng）攻击并抓伤。

罗马人

6 公元64年，大火肆虐罗马城，烧毁了大部分地区，当时整个城市被笼罩在恐惧中整整6天。传说火是皇帝尼禄（Nero）自己点燃的。

燃烧吧，宝贝，燃烧吧！

1 整个罗马帝国只有1个人可以穿紫色长袍，那个人就是皇帝。下级贵族有时允许长袍上带有紫色条纹。

7 古罗马用7个字母来代表数字。它们是I（1）、V（5）、X（10）、L（50）、C（100）、D（500）、M（1000），它们可以组合成其他数字。

3 制作一件罗马人穿的长袍——托加袍要用掉3米布料。

7 罗马山丘由7座小山组成。它们是阿文蒂诺山（Aventine）、西里欧山（Caelian）、卡皮托利山（Capitoline）、埃斯奎利诺山（Esquiline）、帕拉蒂尼山（Palatine）、奎里纳尔山（Quirinal）和维米纳尔山（Viminal）。

650万 罗马帝国鼎盛时期，国土面积有650万平方千米。

25％ 古罗马25％的人口是奴隶。

45 泰斯塔乔山高45米。整座山都是由数百万个破碎的被称为双耳细颈罐的陶瓷罐组成的，而罗马人用这些罐子来储存食物和饮料。这座小山实际上是一个巨大的罗马垃圾场。

6000 一个叫斯巴达克（Spartacus）的角斗士领导发动了一场著名的奴隶起义，结果起义失败，6000名奴隶被处死。

3 刻耳柏洛斯（Cerberus）有3个头，它是罗马和希腊神话中把守着地狱大门的猛犬。它的工作是确保没有亡魂离开。

2 罗慕路斯（Romulus）和勒穆斯（Remus）兄弟2人于公元前753年建立了罗马。传说这对双胞胎男孩是由狼养大的。

嗷！

6000万 罗马帝国鼎盛时期有6000万人口。

0 0是一个在罗马时代并不存在的数字，所以当时没有办法用数字表示0。

32 从公元元年到5世纪末的500年间，有32位罗马皇帝被谋杀。

12 在罗马神话中，12位主神统治着神界，并管辖着几百个次一级的神。主神有：朱庇特、朱诺（Juno）、尼普顿、密涅瓦（Minerva）、玛尔斯（Mars）、维纳斯（Venus）、阿波罗（Apollo）、狄安娜（Diana）、伏尔甘（Vulcan）、维斯塔（Vesta）、墨丘利（Mercury）和刻瑞斯（Ceres）。

47 47个现代国家在历史上曾经完全或部分属于罗马帝国。

20 一名全副武装的罗马士兵必须能够在5小时内行进20罗马里（约合29.6千米）。

37 作为迦太基将军汉尼拔进攻罗马军队的一部分，37头战象翻越了阿尔卑斯山。

25 一名罗马士兵在退役之前必须在军队服役25年。

55 罗马士兵所持的短剑，即所称的罗马短剑长55厘米。

6000 一个罗马军团有6000名士兵——军团是罗马军队的1个单位。

3000 仅仅在一天之内就有3000名角斗士互相厮杀，这只是在罗马举行的最大规模的角斗士表演中的某1场。

20 000 一个富有的罗马人可能会拥有20 000名奴隶。

100 000 100 000名不列颠人在布狄卡（Boudica）女王的领导下反叛，摧毁了包括伦敦在内的三个大城市。

惊奇的冒险

12 2005年，福塞特（Steve Fossett）驾驶一架名为"大西洋环球处女飞行者"（Virgin Atlantic Global Flyer）的飞机环绕世界，其间他的食物只有12份巧克力奶昔。这次飞行历时67小时，是史上第一次不间断、单人、不加燃料的环球飞行。

69 1992年，一位名叫理查德·普雷斯利（Richard Presley）的潜水员在美国佛罗里达海岸外的水下潜水舱里生活了69天。

15 2008年，斯塔福德（Ed Stafford）沿着整条亚马孙河完成了一次史诗般的徒步，整个行程超过6500千米，在此期间他每天要吃15条食人鱼。

250 1902年，著名极地探险家斯科特（Robert Falcon Scott）在人类历史上第一次乘坐气球飞到了南极洲上空250米。这个被拴在地上的气球名为伊娃（Eva），里面充满了氢气。

321 世界上最高的蹦极高度是321米，游客要从美国科罗拉多州的皇家峡谷大桥跳下。胆小的人可玩不了这个！

63 1901年，63岁的学校老师安妮·泰勒（Annie Edson Taylor）把自己塞进一个木桶里，随着巨大的瀑布漂流而下，成为从尼亚加拉大瀑布漂流之旅中幸存下来的第一人。

53 英国的斯韦尔-波普（Rosie Swale-Pope）在史诗般的环游世界跑步之旅中穿坏了53双运动鞋。她从57岁生日那天开始，花了1789天完成了这次旅行。

1342 2012年，奥地利无畏的鲍姆加特纳（Felix Baumgartner）从39000米高空的热气球上跳下，降落速度最高时达到1342千米/时。鲍姆加特纳在离地面2516米时打开了降落伞。

14 1975年在美国俄亥俄州，一位名叫克尼维尔（Evel Knievel）的著名冒险家骑着摩托车飞越过了14辆公共汽车。

1162 澳大利亚的法默（Pat Farmer）穿越澳大利亚辛普森沙漠时翻过了1162座沙丘。他在酷热的气温下用3天8小时走了379千米。

5 1859年，法国的布隆丹（Charles Blondin）在5厘米粗的钢丝绳上表演走钢丝横渡尼亚加拉瀑布。3年后，布隆丹站在穿过尼亚加拉瀑布上空的钢丝绳上做了一个煎蛋。真是个追求刺激的人！

21 一位名叫阿帕·夏尔巴（Apa Sherpa）的登山者21次登上珠穆朗玛峰的峰顶。

72 1889年，美国的布莱（Nellie Bly）[原名：科克伦（Elizabeth Jane Cochran）]成为当时世界上最快的环球旅行者，用时72天。科克伦通过蒸汽船和铁路旅行了39 500多千米。旅途中她在法国遇到了《八十天环游地球》的作者凡尔纳（Jules Verne）。

1305 1875年，英国的韦布（Matthew Webb）用时1305分钟，游过了英吉利海峡（英法之间），成为第一个游过英吉利海峡的人。

270 1519年，270人在葡萄牙航海家麦哲伦（Ferdinand Magellan）的带领下开始了环球航海，只有18人完成了旅程。

3565 德国泡菜是一种发酵的卷心菜。英国的库克船长（Captain Cook）首次横渡太平洋时，他的座船——英国皇家海军"奋进"号（HMS Endeavour）上装载了3565千克德国泡菜。

14 地球上海拔超过8000米的山峰有14座。攀登这些"8000米以上的山峰"是所有职业登山者的目标。

6000 极地探险者每天需要摄入6000卡路里（约合25千焦）的热量，这样他们才可以自己走路拉雪橇，并且保持体重。这大约比成年人的正常饮食热量多3倍。

76 76岁的尼泊尔人谢尔占（Min Bahadur Sherchan）在2008年5月登顶珠峰，成为攀登珠峰年龄最大的人。

13 美国13岁的罗梅罗（Jordan Romero）在2010年登上了世界第一高峰珠穆朗玛峰。

272 名叫伯克（Burke）和威尔斯（Wills）的两位探险家在1860年至1861年穿越澳大利亚的探险中携带了数百件物品，其中有一种是272升朗姆酒。朗姆酒不是他们自己喝的，而是为他们的骆驼准备的！

13 790 霍夫迈斯特（Freya Hoffmeister）划着单人皮艇，沿着整个澳大利亚海岸线环游，全程13 790千米。其间她必须与咸水鳄鱼和鲨鱼搏斗，其中一只把她的船咬了两个洞。

北极和南极

6 格陵兰岛北部的伊卢利萨特在北极冬季期间,要在完全的在黑暗中度过6周。在那里,太阳会完全消失在地平线下面。

-52 -52℃的气温寒冷刺骨,每当气温下降到-52℃,俄罗斯奥伊米亚康镇（Oymyakon）的学校就得关闭了。2008年以前,这个寒冷的俄罗斯小镇上的学生们都只能使用户外的厕所。哦呀,冷啊!

400万 北极圈内生活着400万人。

19 格陵兰岛的瑟梅哥·库雅雷哥冰川（Sermeq Kujalleq）每天移动19米。

307 700 俄罗斯城市摩尔曼斯克有307 700人口,这是北极圈内最大的城市。

14 生活在北极的毛毛熊毛毛虫[灯蛾的幼虫。——译者注]最终变成蛾子需要14年。每年冬天它都冻得结结实实,然后在夏天又开始解冻觅食。

240 在加拿大的耶洛奈夫每年有240天可以看到北极光。

30 2012年,30位客人参加了挪威探险家奥斯兰（Borge Ousland）和他的未婚妻黑格（Hege）的婚礼。他们是第一对在北极极点结婚的新人。那天天气晴朗,但气温只有-23℃。

20 000 ~ 25 000 据估计,北极野外生活着20 000 ~ 25 000头北极熊。北极熊在野外最长能生存25年。

3 一角鲸头上伸出的巨大的尖牙长达3米。一角鲸生活在北极水域。

58 南极洲的面积是英国的58倍。

1100 麦克默多站是南极洲最大的科学考察站,每年夏天有1100人造访并在这里停留。这个科考站距南极极点约1350千米。

2650万 南极洲的冰储量有2650万立方千米。

1 南极洲只有1台可使用的取款机。这台取款机安放在麦克默多科学考察站,一周最多可提出50000美元。

70% 地球上70%的淡水都在南极洲。

37 800 2009年有37 800名游客乘坐大型船只游览了南极洲,26 000人登上了南极大陆。

7 有一种被称为南极蠓的昆虫,身长只有7毫米,但它却是终生生活在南极陆地上最大的动物。

1267 1957年至2009年间,有1267人在南极度过了整个极其寒冷的冬天。

23 南极洲有23个机场或机场跑道,还有53个直升机停机坪。

20 000 南极洲发现了20 000颗陨石(来自太空的岩石)。

303 2010年,人类创下了最快穿越南极洲的纪录,用时303小时(不到13天)。这个团队驾驶巨型卡车行驶了1946千米。

5000亿 2002年,"拉森B"冰架从南极洲分离的时候,有5000亿吨冰漂流到了南大洋。

70 900 一种被称为北极燕鸥的鸟,每年从北极向南极迁徙再返回,要飞行70 900千米。

500万 南极洲及其周边大约生活着500万只企鹅,其中最大的一种是帝企鹅,其体重可达40千克。

4 有4种企鹅在南极洲生活和繁殖——阿德利企鹅、巴布亚企鹅、帝企鹅和帽带企鹅。北极没有企鹅。

52 挪威探险家阿蒙森(Roald Amundsen)率领的探险队用了52条格陵兰犬来拉4架雪橇。他们于1911年12月14日到达南极,成为第一支到达南极点的探险队。

565 帝企鹅最深可以潜入水下565米觅食。帝企鹅可以在水下待20多分钟。

鱼类和海洋生物

90 某些海葵寿命可达90年。

7.9 一种叫微鲤（Paedocrypsis progenetica）的亚洲沼泽鱼身长只有7.9毫米——它的名字比身体还长。

400 飞鱼在空中滑翔时可以飞行400米。

60 1只箱形水母的毒液可以杀死60个成年人。

2.5亿 一个巨型鲱鱼群里有2.5亿条鲱鱼。

100 有种深海蛤蜊，仅长到8毫米大小就需要100年。

30 一只长棘海星每天可以吃掉30厘米长的珊瑚。

32000 迄今为止，科学上已知的鱼类有32000种。已知鱼类的数量是哺乳动物的6倍。

6 一条鳖（bì）鱼只需要6毫秒就可以抓住它的猎物。它以闪电般的速度张开嘴巴，然后把猎物吸进去。

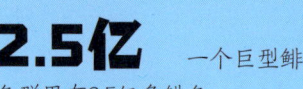

3 一条6米长的长尾鲨，其尾鳍长达3米。

7000万 最新发现的腔棘鱼化石有7000万年历史。人们本以为这些深海鱼类已经灭绝，但在1938年发现它们仍然健康地活着。

12.65 在巴基斯坦海岸外捕获的一条巨大鲸鲨长12.65米，比有些船还大。

27 一种巨型枪乌贼的眼睛直径可达27厘米，跟餐盘一样大。

109 旗鱼游泳的最高速度是109千米/时。这和汽车在高速公路上行驶的速度差不多。

405 2007年，冰岛海岸外的海床上发现了一只圆蛤，据估计，它的年龄有405岁。

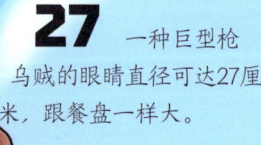

8 盲鳗在几分钟之内就可以制造出8升黏液。它们用这种黏稠的东西堵塞捕食者的腮，从而得以逃脱。

1 海象的长牙能长到1米长。

20 557 根据一个安装在一只棱皮龟壳上的卫星标签记录，这只棱皮龟在647天内走过了20 557千米。

1 某些海星断臂后重新长出手臂需要1年。

291 000 目前已被发现的海洋动物和植物有291 000种，但科学家认为海底可能还有另外750 000种生物。

4370万 每5年左右就会有4370万只红蟹穿过印度洋中的圣诞岛，来到大海中繁殖，此时它们会将这个135平方千米的岛屿完全堵塞。

2亿 鲨现在的样子和它2亿年前差不多——难怪它们被称为活化石。

205 阿留申平鲉（yóu）的潜在寿命可达205年。

8700 座头鲸从繁殖地迁徙到觅食地，需要跋涉8700千米，所以它们其实是饿着肚子完成这场长途旅行的。

2388 象海豹创造的深潜世界纪录是2388米。

15 阴影绒毛鲨不吃东西也能存活15个月。

200 某些海百合长着200条手臂，它们的旧手臂上会分叉长出新的手臂。

60 龙虾迁徙时会60只组成一群。它们会排成一长列纵队沿海床行进。

1200万 全球大约有1200万只食蟹海豹。除了人类以外，它们是世界上数量最多的大型哺乳动物。

20 美国内华达州有一个宽20米的小水池。这是魔鬼洞沙漠鱼在这个世界上仅有的生活空间。

71

人体

1.5 你口腔中的唾液腺每天能够分泌出1.5升唾液。

1 你每天会吞下1升鼻涕。真恶心!

1.3 一个普通人的大脑重1.3千克。

0.1 你身体中最小的肌肉长0.1厘米。它就在你的耳朵里。

2 如果把你的血管排成一条线,可以绕地球赤道2圈。

12 你的舌头上长出一套全新的味蕾需要12天。

5 你的睫毛在脱落前平均可以存留5个月。

10 000 你高度灵敏的鼻子能够分辨出10 000种不同的气味。

17 你每次微笑时会用到脸上的17块肌肉。

8000~9000 你的肺每天会吸入8000~9000升空气。

600 000 你的皮肤每小时都会有600 000个微粒脱落。

8 食物从你的嘴里下行到胃里需要8秒。

1000亿 你的大脑中有1000亿个神经细胞,它们帮助你形成想法,并确保身体功能正常。

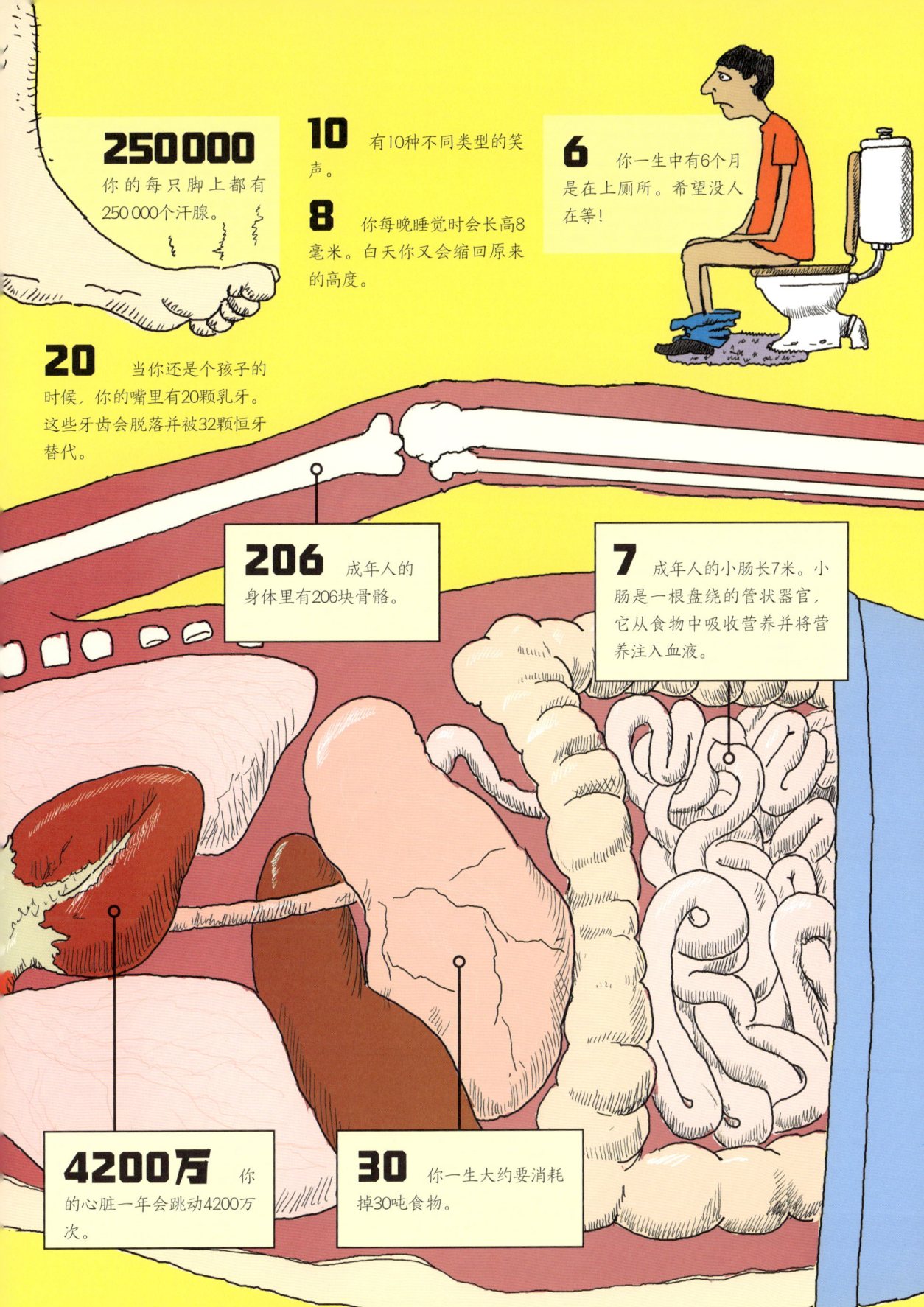

250 000 你的每只脚上都有250 000个汗腺。

10 有10种不同类型的笑声。

8 你每晚睡觉时会长高8毫米。白天你又会缩回原来的高度。

6 你一生中有6个月是在上厕所。希望没人在等!

20 当你还是个孩子的时候,你的嘴里有20颗乳牙。这些牙齿会脱落并被32颗恒牙替代。

206 成年人的身体里有206块骨骼。

7 成年人的小肠长7米。小肠是一根盘绕的管状器官,它从食物中吸收营养并将营养注入血液。

4200万 你的心脏一年会跳动4200万次。

30 你一生大约要消耗掉30吨食物。

美丽的鸟儿

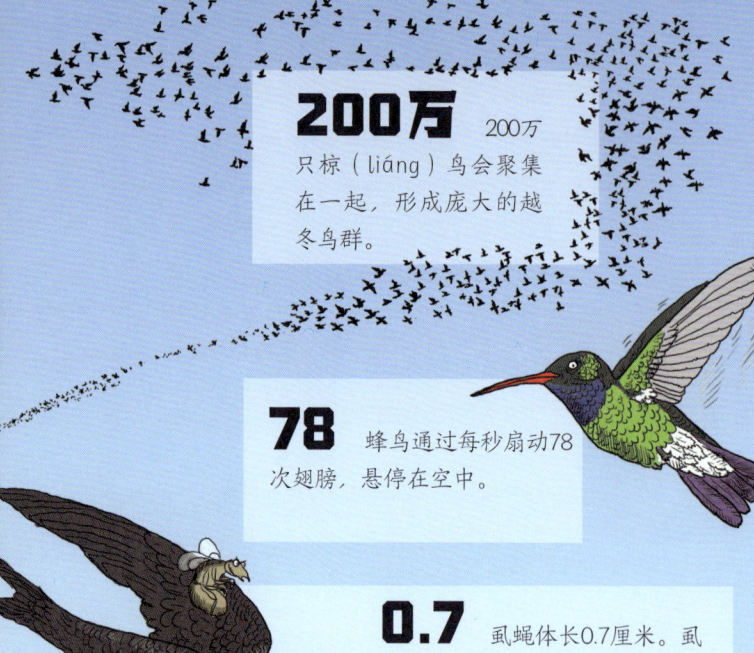

200万 200万只椋(liáng)鸟会聚集在一起，形成庞大的越冬鸟群。

78 蜂鸟通过每秒扇动78次翅膀，悬停在空中。

0.7 虱蝇体长0.7厘米。虱蝇是一种长相令人作呕的寄生虫，寄生在一种叫雨燕的鸟类身上。

3.5 信天翁最大的翼展纪录为3.5米，这个长度相当于两个普通男性脚对脚躺着。

389 游隼攻击猎物时，最高速度可达389千米/时，比高速火车还快。

15 帝企鹅体表每平方厘米有15根羽毛，这使得它比其他鸟类有更多羽毛。

2000 长尾山雀筑巢要用到2000根细小的羽毛，然而它们一次只能收集1根羽毛。

6 一只年幼的信天翁在返回陆地之前，要在海上游荡6年。

36 巴布亚企鹅是世界上游泳最快的鸟，它游泳的最高速度能达到36千米/时。

9 一种叫斑尾鹬的鸟可以连续9天不间断飞行。这种水鸟完成了一次从新西兰到中国史诗般的迁徙。

1,50 000 50000只企鹅中有1只是棕色和白色相间的，不像其他大部分企鹅是黑白相间的。

240亿 现在地球上生活着240亿只鸡。

150 一只著名的会说话的非洲灰鹦鹉亚历克斯（Alex）会说150个单词。它对它的驯鸟师说的最后一句话是："你要乖，明天见，我爱你。"

14 剑嘴蜂鸟的喙长14厘米，但它的身体只有10厘米长。它必须仰着嘴坐着，这样才不会失去平衡从栖木上掉下来。

70 鸵鸟着急的时候，奔跑速度可达70千米/时。

24 孵化24小时后，眼斑冢雉的幼鸟就能够飞翔了。

1227 所有大约10000种鸟类中，有1227种濒临灭绝。

南美洲

12 南美洲有12个国家——阿根廷、智利、秘鲁、巴拉圭、巴西、厄瓜多尔、乌拉圭、委内瑞拉、哥伦比亚、玻利维亚、圭亚那和苏里南。

7640 南美大陆从北部的哥伦比亚到南部智利的底端，全长7640千米。

6960 阿根廷的阿空加瓜山位于安第斯山脉，海拔6960米，是南美洲最高的山。

30 矗立在巴西城市里约热内卢的耶稣雕像高30米。它被称为救世基督，已经成为世界上最著名的地标之一。它张开的双臂有28米宽。

6436 浩浩荡荡的亚马孙河绵延6436千米，它是南美洲最长的河流。

7240 安第斯山脉从北端到南端全长7240千米。

850万 巴西国土面积850万平方千米，是南美洲最大的国家。

2 南美洲有2个国家是内陆国家，这意味着它们没有海岸线。它们是玻利维亚和巴拉圭。

13.5亿 巴西咖啡年产量13.5亿千克。

300万 300万年前，南美洲和北美洲通过现在巴拿马境内的一块陆地相连。随着时间的推移，两块大陆漂移了，所以现在与南美洲相连的是中美洲。

700万 南美洲生活着700万美洲驼和羊驼。

99% 世界上99%的土豆都来自几千年前原生于智利的一个品种。

90 在厄瓜多尔首都基多,水沸腾的温度是90℃。这座城市因海拔较高,导致水的沸点比正常的100℃低10℃。

66 世界上最大的啮齿类动物南美水豚的体重能达到66千克,比一些成年人还重。

984 委内瑞拉的安赫尔瀑布是世界上最高的瀑布,落差达984米。

9 12个南美洲国家中有9个国家的官方语言为西班牙语,例外的是巴西(葡萄牙语)、苏里南(荷兰语)和圭亚那(英语)。

91% 苏里南国土的91%为雨林覆盖。

1 智利阿塔卡马沙漠每年的降水量是1毫米。自有记录以来,这片沙漠的某些地区从未下过一滴雨。

110 1500年至2500年前,秘鲁平原出现了一只猴子的巨幅画像,这幅画像长达110米。这只猴子和许多其他巨大的艺术作品今天仍然可以看到。它们被统称为纳斯卡线条。

8 巨大的亚马孙雨林覆盖了8个国家的部分国土,它们是巴西、玻利维亚、秘鲁、哥伦比亚、厄瓜多尔、苏里南、圭亚那和委内瑞拉。

3 有3种吸血蝠是南美洲(和中美洲)的原生物种,它们是普通吸血蝠、毛腿吸血蝠和白翼吸血蝠。

17 814 000 南美洲大陆的面积是17 814 000平方千米。

209 000 亚马孙河每秒有209 000立方米的水流入大西洋。

47.3% 巴西的国土面积占南美洲的47.3%,巴西几乎与所有南美洲国家接壤,除了厄瓜多尔和智利。

马戏团杂技

16.41 中国的赛买提·依明踩了一副16.41米高的高跷，这几乎和6层楼一样高。不过他只踩着高跷走了10步。

8 一位名叫雷斯蒂沃（Antonio Restivo）的吞火魔术师吐出了8米高的火焰。

76 "伟大的"思罗迪尼（The Great Throwdini）在1分钟内将76把刀掷向了一个人，这些刀围着这个人插了一圈。"伟大的"思罗迪尼果然名不虚传。

108 "伟大的"达维多（The Great Davido）在泰国的一个电视节目表演中，可以控制108个餐盘稳稳当当地在长杆顶端旋转。

1270 一位名叫麦卡斯基尔（Angus MacAskill）的马戏团大力士可以把一只1270千克重的船锚从地上举起来。这个身高2.4米的巨人于1849年加入了美国巴纳姆（P.T. Barnum）的马戏团。

714 2012年在得克萨斯州达拉斯举办的超大规模的蛋奶派大战有714人参加。

251 2008年，印度军队仅用11辆摩托车就运送了251名男子。他们以叠罗汉的方式站在行驶的摩托车上，令人惊叹！

80 一位名叫迪库尔（Valentin Dikul）的马戏团大力士用80千克的重物来表演抛接杂耍。

1300 已经有1300名小丑从美国林林兄弟小丑学院毕业。

10 000 墨西哥生活着10 000名小丑。

2194 一位名叫哈梅尔（Scott Hammell）的魔术师被倒挂在2194米高空的一根绳子上，然后他成功地从绑住他的约束衣里逃脱了。

417 2011年，美国人汉森（Mark Hanson）在60秒内完成了417个杂耍接球。

283 米斯特里奥（Mark Mysterrio）在由一排排15厘米长的钉子构成的钉子床上躺了283小时。那可是11天19小时啊！

11 2007年，在北京的一场表演中，11把椅子一把叠一把，叠在一起之后，杂技演员稳稳地站在了最上面。

2.9 马奥尼（Dan Mahoney）踩在弹簧高跷上能跳2.9米高。

5000 史密斯（David Smith）被大炮发射出来5000次，这让他成为一个经验丰富的人体炮弹。他最远能飞出59米。

747 一位名叫卡西迪（John Cassidy）的喜剧演员兼气球艺术家，能够在1小时内完成747个气球造型，平均每分钟能做12个还多！

305 中国的金琳琳能用自己的身体同时转动305个呼啦圈。

58 小丑可可所穿的巨大的小丑鞋有58码大。

7 1989年，美国人加索（Anthony Gasso）用7个燃烧的火把表演抛接杂耍。

10 000 巴纳姆的19世纪马戏团表演场里可以容纳10 000名观众，他们的表演被誉为"世界上最棒的表演"。

175 1915年，一位名叫斯塔克（Mabel Stark）的无畏的马戏团驯虎师被老虎攻击后，伤口缝了175针。

1600 诺克斯（Freddy Nocks）走钢丝绳下坡走了1600米，非常可怕！当时他走在瑞士一座山的下行缆车钢索上，而且在完全没用安全吊带的情况下，从一个缆车站点走到了另一个缆车站点。

211 一个名叫阿亚拉（Henry Ayala）的委内瑞拉人站在离地8.1米高的钢丝上跳绳，在60秒内跳了211个。

2945 1891年，多尔农（Sylvain Dornon）踩着高跷从巴黎走到了莫斯科，全程2945千米。

3 2005年，3岁的克兰斯顿·奇珀菲尔德（Cranston Chipperfield）成为罗亚尔马戏团的表演领班，他是奇珀菲尔德家族的第8代表演领班。

走向地下

240 一个叫大卫·布思（David Booth）的苏格兰人花240英镑购买了一个金属探测器。第一次在户外使用时，他发现了4条2000年前的金项链。这一发现让布思获得了46.2万英镑的回报。

2 鼹鼠的两个前爪上各长有2根拇指，这对前爪上的2对拇指可以帮助鼹鼠更有效地在地下挖掘。

360 新西兰克赖斯特彻奇在拆除一座办公大楼的时候，在一间秘密地下室里发现了360件玻璃制品、手表和其他珠宝。

36 852 一年有36 852本书被遗留在伦敦地铁上。遗忘在地铁里最奇怪的东西包括一辆割草机、一个人头骨和一把公园长椅。

1200 加拿大多伦多长达28千米的地下购物长廊里有1200家商店。这里是世界上最大的地下购物中心。

11亿 伦敦地铁的4134列客车每年发送乘客11亿人次。

9550 瑞典一棵树龄高达9550岁的云杉，其树根仍然在土壤中生长。

800 瑞士圣哥达铁路隧道位于阿尔卑斯山下800米，全长57千米。

3.9 世界上最深的金矿——南非的陶托那金矿位于地下3.9千米。

2.5 纳米比亚某处地下60米有一个巨大的地下湖，有2.5个足球场大小，被称为"龙息"（Dragon's Breath）。

1695 澳大利亚一个名为库伯佩迪的矿业小镇有1695名居民。其中许多人住在地下的房子里，以避开地面上的灼热。

90 狐獴（又称猫鼬）群的洞穴可能会有90个入口。

4000 如果英国遭到核打击，包括政府职员在内，会有4000人生活在大型地下城市——伯灵顿。这座绝密的城市有办公室、一个广播电台、洗衣房和两个大厨房。

40% 全球已开采黄金的40%出自南非威特沃特斯兰德盆地的地下矿井。

8.5 世界上最大的蟑螂——犀牛蟑螂长8.5厘米、重35克。它会在土里挖大约1米深的洞来安家。

120 一只小更格卢鼠在它的地下洞穴里能够储存120升谷物和种子。

21 2010年，一位名叫克里斯普（Dave Crisp）的业余寻宝者在英格兰的一块田地里发现了21枚古罗马硬币。最终，在这块地里发现了52 503枚硬币，相当令人震惊！

20 000 有时在1克土壤中能够发现20 000种不同的细菌。

1.8 世界上最短的地铁系统仅有1.8千米长，它位于以色列的海法市，只有6个站。

14 19世纪，一个帮助奴隶逃到加拿大获得自由的秘密线路网穿过了美国14个州。这个秘密线路网被称为"地下铁路"，但它实际上既不在地下，也不是铁路！它之所以叫这个名字，是因为这个运送活动必须保密，而且帮助奴隶的人经常用铁路术语作为一种联络密码。

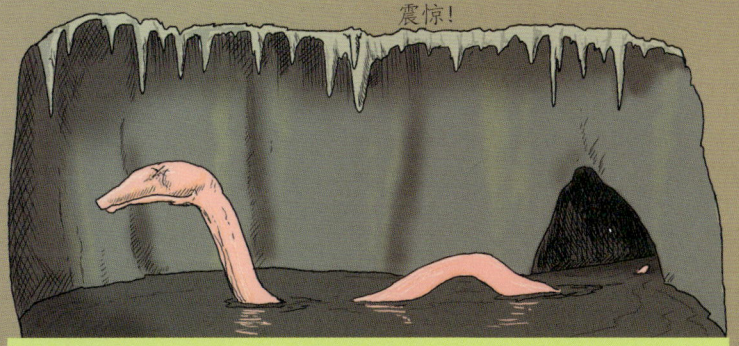

40 洞穴盲鳗长40厘米。它没有眼睛，生活在澳大利亚地下洞穴中流动的水域里。

骑士和城堡

300 英国仍然有300座城堡矗立着。

14 中世纪的骑士要经过14年训练——7年作为仆人,称为侍从;接着7年为见习骑士,称为扈从。

7 进入印度梅兰加尔堡内的城堡要穿过7道大门。

50 中世纪骑士的盔甲重50千克,穿上它感觉就像扛着一头小河马。

6000 每天有6000名游客参观德国新天鹅城堡。这个美丽的童话般的城堡是迪士尼神奇王国创作的灵感来源。

1 英国女王只拥有1座城堡,它就是苏格兰的巴尔莫勒尔堡。尽管英国女王一年中的大部分时间都住在温莎堡,但她并不拥有这座建筑(她也不拥有白金汉宫)。

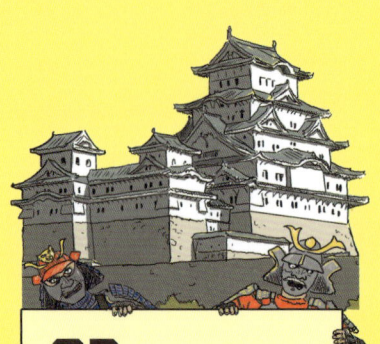

83 姬路城是日本的一座木建筑城堡,里面有83座建筑。

950 英国皇室已经在温莎堡居住了950年,这使它成为一直有人居住、从未间断过的最古老的城堡。

1051 德国的布格豪森堡长1051米,是世界上最长的城堡。

1481 进入罗马尼亚的波埃纳里城堡要爬1481级台阶。

95 两名骑马比武的骑士相互冲撞时的速度是95千米/时。

4 骑士在比武大赛中使用的标准长矛长4米。

3700 位于青藏高原上的西藏布达拉宫海拔3700米。这座城堡有1000多个房间。

400 英国国王爱德华一世建造一座城堡雇用了400名石匠。

40 中世纪骑士向其领主或国王承诺每年服40天兵役。

14 248 康威城堡位于威尔士，建造这座宏伟的城堡花费了14 248英镑，现在它是世界文化遗产。

6 有一些城堡的城墙有6米厚。

228 一把中世纪长弓射出的箭可以穿透228米外的骑士盔甲。

84 法国城堡——尚博尔堡里有84个不同的楼梯。

52 法国一个名为卡尔卡松的筑防小镇由52座塔楼、3千米长的城墙和1座巨大的城堡保护着。

7 骑士精神规范（良好的行为）由7种美德构成，它们是勇气、正义、仁慈、慷慨、忠实、高尚和希望。

122 为住在英格兰比斯顿城堡的居民供水的水井深122米。

9 城堡四围防御用的充满水的壕沟，即我们所称的护城河其深度可能有9米。

3 法国在中世纪时期举办的著名的骑士比武大赛——泪泉锦标赛中，悬挂了3面不同颜色有眼泪装饰的盾牌，供骑士们选择。选择白色盾牌的挑战者要用斧头作战，选择紫色盾牌意味着用剑作战，选择黑色盾牌则意味着用长矛作战。

300 一位名为基尼奥内斯（Suero de Quiñones）的骑士在骑马比武中折断了300杆长矛，并最终赢下了这场比武。这种比赛被称为"闯关比武"，时间可能会持续数月之久。[闯关比武（Pas d'Armes）是14至15世纪流行的一种骑士比武的方式。通常一位骑士或一队骑士把守交通要道，如桥上、城门处，任何想通过此路的骑士必须与把守的骑士交战。——译者注]

5000 叙利亚一座名为骑士堡的巨大城堡可以容纳5000名士兵驻防。城堡的储藏室非常大，可以存放五年的供给。

6 蒙斯梅格大炮重达6吨，15世纪时被用来保护爱丁堡城堡。

6 匈牙利布达城堡下面有一个6英里（1英里约合1.6千米）长的迷宫。这个迷宫曾经是一座监狱，这里最有名的犯人是一位名叫穿刺王弗拉德（Vlad the Impaler）的暴君。

完美的灵长动物

96% 黑猩猩的基因与人类的相似度达到了96%。

1000 科科是一只会用美国手语进行交流的大猩猩,它可以用手语表达1000个单词。

73 美国佛罗里达动物园里一只名叫"小妈妈"(Little Mama)的黑猩猩,其年龄据估计有73岁。

56 据报道,美国堪萨斯州某动物园一只56岁的黑猩猩生下了宝宝。大多数黑猩猩活不到50岁,更不用说在那个年龄生育了。

219 有记录的野生大猩猩体重最重达219千克。动物园里有更重的大猩猩,但它们是因缺乏锻炼而超重。

131 科学上已知的猴子有131种,此外还有21种类人猿(包括人类)。

250 最大的狒狒社群有250只狒狒生活在一起,而最小的社群里可能只有5名成员。

4.6 叶猴可以轻轻松松地从一棵树上跳到4.6米外的另一棵树上。

32 吼猴的叫声能够传到32千米远的地方。

10 长鼻猴的鼻子长10厘米。

230 直布罗陀的巨岩(即直布罗陀岩)上生活着230只地中海猕猴,它们是欧洲唯一的野生猴子。

4300 科学家发现,4300年前聪明的黑猩猩就能够使用石器工具来敲开坚果,这一高超的技能它们至今仍在使用。

-15 日本猕猴冬季栖息地的气温是-15℃。猴子们会在天然温泉里洗澡取暖。

3 长尾黑颚猴用3种不同的警报叫声来警告危险。一种叫声表示有蛇，一种表示有鹰，最后一种则表示豹子来袭。

22 野生海南长臂猿的数量据估计仅存22只，这意味着这种动物濒临灭绝。

500 古英语俚语中"一只猴子"表示500英镑。这个绰号来自在印度服役的士兵，在那里500卢比的纸币上有一只猴子的图案。

116 雨季姗姗来迟的时候，一群沙漠狒狒在没有水的情况下能生存116天。

600 一只普通的7千克重的猴子每天要摄入600毫克维生素C，是一个体重70千克的人建议摄入量的10倍。

15 大猩猩每天睡眠15小时，这让它在醒着的几小时可以保持轻松愉快的心情。

2.74 世界上存在过的最大的类人猿身高2.74米，这大概是长颈鹿身高的一半。这种类人猿是一种已经灭绝的似人生物，被称为巨猿。

1.5 一只大型合趾猿两臂展开有1.5米，比它的身高还长0.5米。

16 1959年，两只猴子经历了16分钟的太空飞行。恒河猴埃布尔（Able）小姐和松鼠猴贝克（Baker）小姐是最早在太空旅行中幸存下来的动物。

5 雄性狒狒的犬齿长5厘米。

10 一只雄性山魈身上有10种颜色。

54 一只非常重的雄性山魈体重54千克。雌性的体型只有雄性的一半。

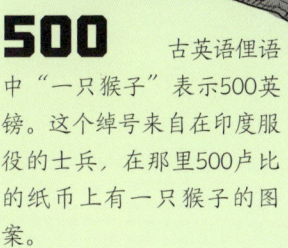

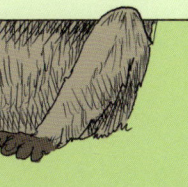

死里逃生的故事

9 墨西哥革命时期,行刑队对莫格尔(Wenseslao Moguel)执行枪决。他被9颗子弹击中,但令人吃惊的是,他活了下来。

7 骆驼在没有水的情况下还可以轻松生存7天。

9.6 宠物犬塔克(Sophie Tucker)从游艇上掉下来后,在鲨鱼出没的海域里游了9.6千米,它游到了澳大利亚海岸外的一个小岛上。它在这个岛上生活了4个月,最终与主人团聚了。

52 一个名叫塞尔扣克(Alexander Selkirk)的人被困在无人居住的荒岛上,52个月之后才终于获救。《鲁滨逊漂流记》的创作灵感就来源于他的故事。

10 南极探险家沙克尔顿(Ernest Shackleton)的船"坚韧"号(Endurance)在冰里困了10个月,并最终沉没。然后,沙克尔顿和船员们驾驶救生艇,踏上了前往南乔治亚岛的捕鲸站这一漫长而危险的旅程。

6 一名76岁的塞浦路斯妇女被困在电梯里,度过了可怕的6天。被困期间她能吃的东西只有几个西红柿。

2 一只非洲灰鹦鹉的主人花了2年教它重复它的名字和地址。一天,鹦鹉飞走了,还迷了路,结果被抓住送到了兽医那里。非常神奇的是,这只鹦鹉告诉兽医它住在哪里,然后它就被安全地送回了主人身边。

33 2010年,33名矿工被困在智利圣何塞铜矿地下69天,最终他们全部安全获救。

7 有2名法国人在法属圭亚那的丛林中迷路之后在那里挨过了7周,其间他们靠吃蜘蛛、青蛙、蜈蚣和乌龟维生。

9 日本16岁的阿部仁和他80岁的祖母被困在某次地震造成的碎石堆里,9天以后他们终于获救。

1085 1925年,一种叫白喉的疾病袭击了诺姆镇。一支狗队拉着雪橇,穿过冰天雪地的阿拉斯加,将疫苗送到了1085千米外的这个小镇。

8 一个1岁男童走失后，在阿根廷城市街头度过了好几个寒夜，其间有8只野猫与他挤在一起，帮他取暖。

15 在一场飓风中，阿什克拉夫特（Tami Oldham Ashcraft）的船被15米高的巨浪打翻又扶正。她昏了过去，第二天醒来时她发现船上的引擎和其他设备被毁，船员也失踪了。42天后，她终于到达了陆地。

3 11岁的里瓦斯（Axel Rivas）在智利一家"儿童之家"失踪之后，过了3年才再次出现。这段时间他一直住在一个山洞里，与一群野狗为伍。

194 第一次世界大战期间，一只名叫谢尔阿米（Cher Ami）的英勇的信鸽拯救了194名士兵的生命。尽管其腿部和胸部中弹，但它完成了任务，送达了信息，拯救了一个迷路的营。它因勇敢而被授予奖章。

11 一位名叫博代斯（Teresa Bordais）的62岁老人被困在西班牙某个深谷里11天。在获救之前，她只能靠树叶和雨水维生。

4 美国的14岁女孩西蒙斯（D´Zhana Simmons）在没有心脏的情况下生存了4个月。其间一个人工血泵维持着她的生命，直到她最终接受心脏移植手术。

299 意大利选手普罗斯佩里（Mauro Prosperi）在1994年的"撒哈拉沙漠马拉松"比赛中迷路，并偏离路线299千米。"撒哈拉沙漠马拉松"比赛要穿越撒哈拉沙漠，全长233千米。最终普罗斯佩里被沙漠里的游牧民发现，此时他已经失踪了9天，体重减轻了18千克。

124 一只名叫穆恩（Moon）的狗与它的主人走散，跑到了离家124千米的地方。8天后，这只狗一路走到了位于美国内华达州的家中，途中它穿越了一片沙漠，翻过了2座山。

155 2009年，思维敏捷的机长萨伦伯格（Sullenberger）拯救了155条生命。在所驾驶的飞机失去动力后，萨伦伯格将飞机紧急迫降在纽约的哈得孙河上。

2 许尔贝里（Peter Skyllberg）在瑞典的偏远地区被大雪困在车里2个月，被发现的时候他还活着。

470 一艘名为双鱼座3号（Pisces Ⅲ）的迷你潜艇因损坏而躺在了470米深的海底。在经过有史以来最深的水下救援后，2名乘员终于在空气供给即将耗尽之前获救。

雨林

540万 亚马孙雨林的面积是540万平方千米。

6％ 目前，地球表面的6％被雨林覆盖。然而，在20世纪50年代，这一比例还是14％。

200 000 亚马孙雨林生活着200 000名印第安人。

137 科学家估计，每天有137种雨林动植物物种消亡。

3700 澳大利亚冈瓦纳雨林的面积是3700平方千米，它是世界上面积最大的亚热带雨林。

4 雨林由4个不同的层次（从地表到天空）构成——地面层、林下层、树冠层和露出层。

52 000 亚马孙雨林每年有52000平方千米遭到破坏。

43 秘鲁雨林的一棵树上就生活着43种蚂蚁。

5 地球上生活着5种大型类人猿〔这5种大型类人猿是指：倭黑猩猩、东非大猩猩、西非大猩猩、黑猩猩和猩猩。——译者注〕。它们都生活在雨林地区。

78 眼镜凯门鳄是一种生活在亚马孙地区的鳄鱼，它的嘴里满满地排列着78颗牙齿。

1.3亿 婆罗洲一些古老的雨林年龄有1.3亿岁。

80 雨林中，最高的树木高达80米。

2亿 巴西生活着2亿头奶牛，其中许多生活在砍伐雨林形成的牧场上。

1％ 目前为止，雨林植物物种中只有1％是被科学家实际研究过的。

254 雨林每年的降水量是254厘米。

1500 仅在0.01平方千米的雨林中就生长着1500种开花植物。

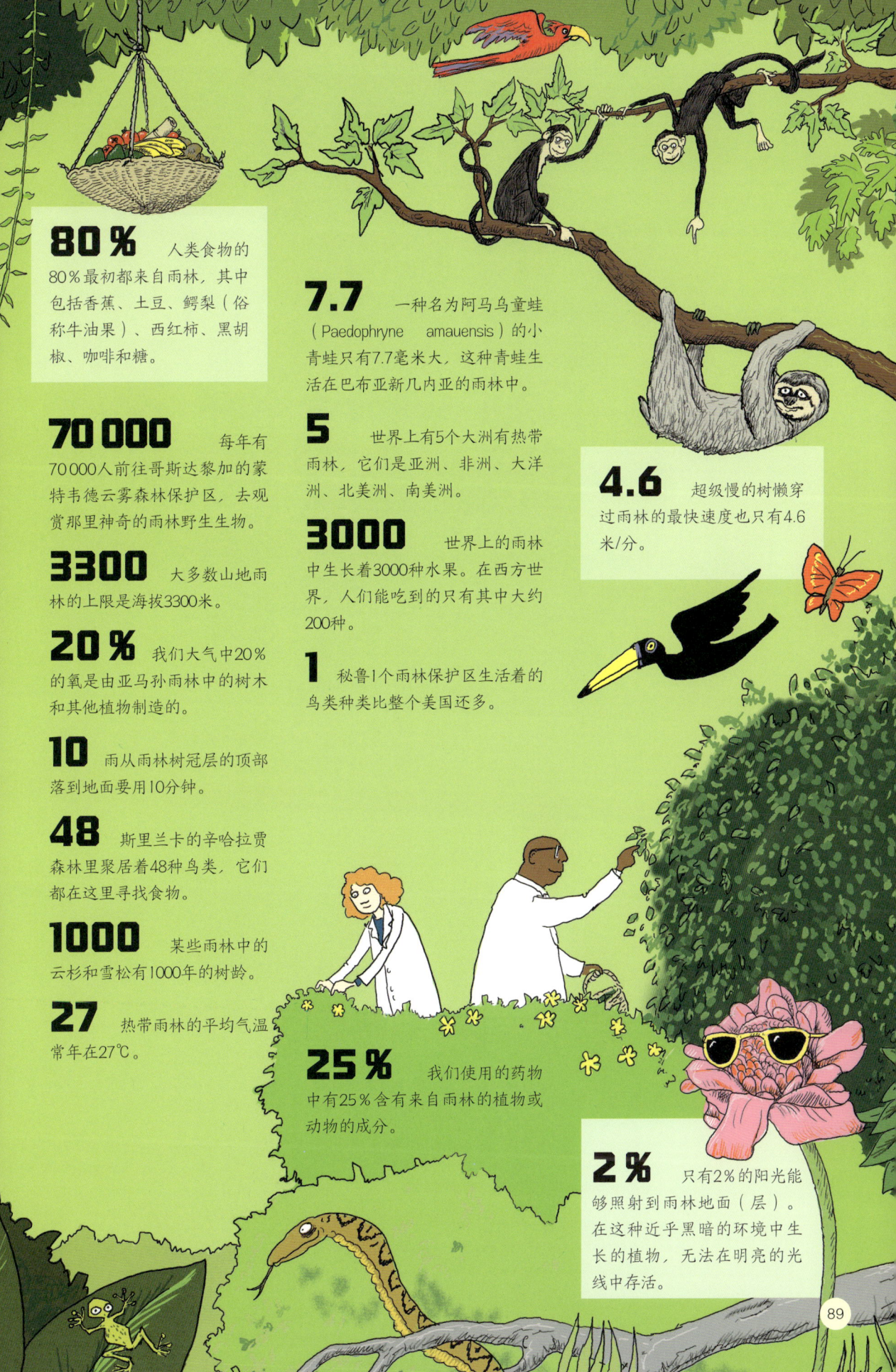

80％ 人类食物的80％最初都来自雨林，其中包括香蕉、土豆、鳄梨（俗称牛油果）、西红柿、黑胡椒、咖啡和糖。

70 000 每年有70 000人前往哥斯达黎加的蒙特韦德云雾森林保护区，去观赏那里神奇的雨林野生生物。

3300 大多数山地雨林的上限是海拔3300米。

20％ 我们大气中20％的氧是由亚马孙雨林中的树木和其他植物制造的。

10 雨从雨林树冠层的顶部落到地面要用10分钟。

48 斯里兰卡的辛哈拉贾森林里聚居着48种鸟类，它们都在这里寻找食物。

1000 某些雨林中的云杉和雪松有1000年的树龄。

27 热带雨林的平均气温常年在27℃。

7.7 一种名为阿马乌童蛙（Paedophryne amauensis）的小青蛙只有7.7毫米大，这种青蛙生活在巴布亚新几内亚的雨林中。

5 世界上有5个大洲有热带雨林，它们是亚洲、非洲、大洋洲、北美洲、南美洲。

3000 世界上的雨林中生长着3000种水果。在西方世界，人们能吃到的只有其中大约200种。

1 秘鲁1个雨林保护区生活着的鸟类种类比整个美国还多。

25％ 我们使用的药物中有25％含有来自雨林的植物或动物的成分。

4.6 超级慢的树懒穿过雨林的最快速度也只有4.6米/分。

2％ 只有2％的阳光能够照射到雨林地面（层）。在这种近乎黑暗的环境中生长的植物，无法在明亮的光线中存活。

非洲

54 从北部的突尼斯到南部的南非，非洲大陆由54个国家组成。

5895 坦桑尼亚境内的乞力马扎罗山海拔5895米，是非洲最高的山。

7 最大的非洲象体重7吨。非洲象是世界上最大的陆地动物。

4 非洲周围有4片海域——北边是地中海，西边是大西洋，东边是印度洋，东北边是红海。

80 马达加斯加岛上生活着80种狐猴，这里也是它们在世界上唯一的野外栖息地。

4500 在博茨瓦纳的措迪洛山上，人们发现了4500幅岩画。卡拉哈里沙漠中的这一小块地方有"沙漠中的卢浮宫"之称，而卢浮宫正是法国巴黎著名的美术馆。

6650 尼罗河全长6650千米，是世界上最长的河流。

6 非洲有6个国家位于赤道上——加蓬、刚果（布）、刚果（金）、乌干达、肯尼亚和索马里。

11 世界上最古老的大学位于摩洛哥古城非斯，已经办学11个世纪。

1300000，300000，200000 非洲东部的塞伦盖蒂平原上生活着1300000头角马、300000头瞪羚和200000头斑马。

8％ 世界上8％的远洋船舶都要经过埃及的苏伊士运河。这条长达163千米的水道连接着地中海和红海，可以使来往于东西之间的船只节省数千千米的路程。

910万 撒哈拉沙漠的面积是910万平方千米，是地球上最大的沙漠。

1000～2000 据估计，非洲使用的语言有1000～2000种。这个数字之所以很难精确统计，是因为有些语言没有文字，而有些语言的使用者只有很小一部分人。

100，40 马里杰内的大清真寺长100米，宽40米，是世界上最大的泥制建筑。

1500万 15至19世纪，有1500万非洲人被运到美国当奴隶。

230 刚果河最深处有230米。即使把自由女神像和伦敦的大本钟头尾相接叠在一起，这个深度也足以淹没它们。

223 2000多年前，苏丹建造了223座金字塔，所以拥有这些著名建筑的不仅仅是埃及。

660 坦噶尼喀湖两岸间距有660千米。

48％ 世界上48％的钻石来自非洲。

100万 每年有100万只火烈鸟云集在坦桑尼亚的纳特龙湖，它们在湖中的岛上进行繁殖。

7，1 古代七大世界奇迹中的1个——埃及的吉萨大金字塔仍然存在。

305 纳米布沙漠中的一些沙丘有305米高，非常壮观。

10％ 南非的鸟类、鱼类和植物物种种类占全世界的10％。

5亿 赞比西河上的维多利亚瀑布每分钟有5亿升水倾泻而下，这些水量足以填满20万个奥运会游泳池。

太阳

1.496亿 光和热
从太阳到达地球要穿过1.496亿千米。

140万 太阳的直径是140万千米。

99.8% 太阳的质量占整个太阳系的99.8%。

水星　金星　地球　火星

15 为了让身体产生足够的维生素D来保持健康，建议每天将你的脸、脖子和手臂暴露在阳光下15分钟。

98% 防晒系数为50的普通防晒霜可以阻挡98%来自太阳的有害射线。

50亿 太阳的寿命估计还剩下50亿年。在这之后，它将膨胀成为一个红巨星，这意味着它将成为一颗死亡中的恒星。

28 太阳引力比地球引力大28倍。

450万 太阳风每秒将450万吨的太阳物质吹到太空中。

46亿 通常认为，太阳已经闪耀了46亿年。

8 8颗行星围绕太阳公转，其中不包括冥王星，冥王星现在被归类为矮行星。

8.19 光从太阳到达地球要用8.19分钟。

59亿 太阳与矮行星冥王星之间的距离是59亿千米。太阳的引力非常大，冥王星即使距离这么远仍然受到它的影响。

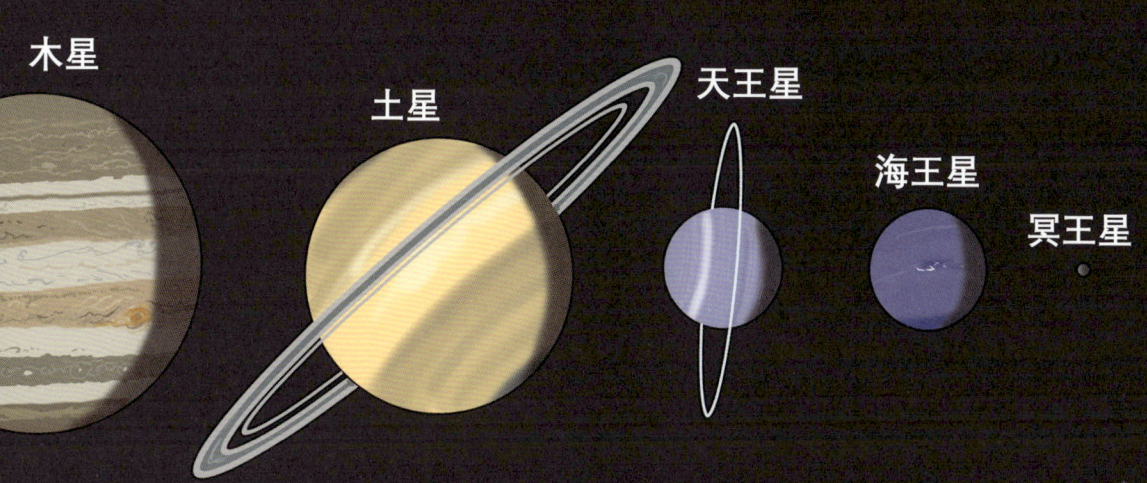

木星　土星　天王星　海王星　冥王星

400 000 太阳的亮度比月亮高400 000倍。

71% 太阳的71%是由一种叫氢的气体构成的。

400 从太阳中跑出来的带电粒子的速度达400千米/秒，这就是我们所知的太阳风。

80 000 有些太阳黑子的直径可达80 000千米。太阳黑子是太阳表面较暗的斑块，温度比其周围冷得多。

130万 如果太阳是空心的话，里面可以装进130万颗地球。

1550万 太阳核心的温度高达1550万℃。

1000亿 太阳每秒产生的能量相当于1000亿吨炸药爆炸。

2.25亿 太阳围绕银河系运行一周需要2.25亿年。

40% 现在的太阳比地球形成时的太阳亮度要高40%。科学家计算出，太阳每10亿年就会变亮10%。

7.5 日全食持续的最长时间是7.5分钟，这是由太阳的运行速度决定的。月球运行到太阳和地球之间挡住太阳时，就会形成日食。

800 000 太阳围绕银河系中心运转的速度是800 000千米/时。

头发和皮毛

100 彼得大帝是17世纪时俄国的统治者,他在位的时候所有留络腮胡的俄国人每年都要交给他100卢布的税。这些人因此可以得到一张蓄络腮胡的许可证,上面写着:络腮胡是无用的负担。

115 一个名叫列兹尼科夫(John Reznikoff)的人收藏了115位名人的头发,其中就包括林肯、梦露(Marilyn Monroe)、爱因斯坦、拿破仑和狄更斯等人的发绺。

100 普通人每天会掉100根头发。

50 一只跳蚤每天能够在猫或狗的皮毛上产下50枚卵。

12.7 一只叫杰玛(Gemma)的猫的胃里发现了一颗直径12.7厘米的毛球。毛球是猫舔干净自己时不小心吞下一些毛发形成的,不过一般不会这么大。

6 一根头发能够不间断生长6年,之后它会停止生长几个月,然后就脱落了。

150 000 一个普通人头上长有150 000根头发。

5 蜜蜂的脸上长着5只毛茸茸的眼睛。是的,没错——蜜蜂的眼睛上确实有毛发!

2 骆驼的每只眼睛上都长着2对睫毛,它们可以帮助骆驼阻挡沙漠中的沙子。

3 猫的胡须根长在皮肤里的深度比普通毛发深3倍。这使得猫的胡须非常敏感,它们可以帮助猫获取有用的信息。

25 1根睫毛上可能寄生着25种被称为"睫毛螨"(蠕形螨)的小虫子。

13.5 一位名叫斯塔雷特(Robert Starrett)的少年创造了上臂毛发长度的世界纪录,达到了13.5厘米。

27.9 V.惠勒(V.Wheeler)的络腮胡中最长的胡须长达27.9厘米。这件事尤其让人印象深刻的地方是,惠勒是一个女人!

90 麝牛的毛发能长到90厘米长,是所有野生动物中最长的。

200 你的每组眼睫毛都由200根细小的毛发组成。

115 120 一名粉丝花了115 120美元买下摇滚之王"猫王"埃尔维斯·普雷斯利（Elvis Presley）剪下的头发。

132 000~155 000 海獭体表每平方厘米有132 000~155 000根毛发，是所有哺乳动物中最浓密的。

0.03 一根普通头发的直径是0.03毫米。

10 000 人们在西伯利亚的冻土中发现一些保存完好的长毛猛犸象的毛发，它们已经有10 000年历史了。

1 头发生长的速度为1个月长1厘米。这意味着头发需要833年才能长到100米长。

4 头上顶着豪猪毛到处行走4天，古埃及人认为这是治疗秃顶的一种方法。

2 北极熊有2层毛来保持温暖、干燥。短的一层可以帮北极熊保暖，而外层较长的一层可以让短毛不被水浸湿。

5 美国黑熊有5种不同的毛色，这意味着它们并不总是黑色的。它们可能是黑色、棕色、金色、肉桂色或白色。

8 一位名为蔡伟材（Bruce Choy）的美国理发师单手拿着8把剪刀给顾客做发型。

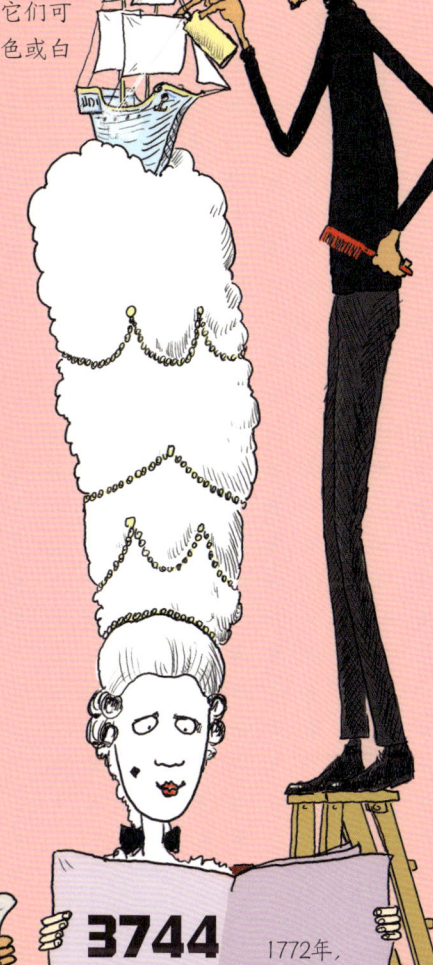

5.6 中国广西的谢秋萍，她的头发经过测量，长达5.6米。她已经40多年没有剪过头发了。

114 渡边一祐（Kazuhiro Watanabe）的莫希干发型从头皮到发端高达114厘米，这太壮观了。

3744 1772年，巴黎出版的第一本发型杂志收录了3744种发型。有些发型实在太精致了，美发师需要借助梯子才能完成。

疾病

800万 1个细菌在一天内就可以繁殖出800万个细菌,这是因为有些细菌每20分钟就可以分裂一次。

33 一个细菌群落能够在月球上存活33个月。曾经有人对着摄像机镜头打喷嚏,不小心将细菌留在了上面。差不多3年后,当摄像机重新收回时,细菌仍然活着。

2000 18世纪时,法国国王路易十五触摸了2000名患有"国王的罪恶"的患者。"国王的罪恶"是一种皮肤疾病,正式名称为淋巴结核。当时人们相信国王的触摸可以治愈它。

2500万 1347年至1352年间暴发的腺鼠疫导致了欧洲2500万人死亡,也就是每3个人中就有1人死亡。这场瘟疫更广为人知的名字是"黑死病"。

2500万 疟疾是一种由蚊子传播的疾病,全世界有2500万人面临感染疟疾的风险。

10,7 牙龈疾病是世界上最常见的疾病,每10个人中就有7个人患有牙龈疾病。

30 目前世界上已知有30人对水过敏,对这些患者来说生活非常艰难。

21 接触水痘病毒后21天就会出现水痘皮疹。

75% 近几年,出现在人类身上的疾病有75%是动物源性疾病,这意味着它们都来自动物。

90% 90%的人天生对麻风病免疫。

400 16世纪时,法国有400人染上了一种怪异的舞蹈病。患者会连续数日无法控制地跳舞,直到精疲力竭倒下为止。

60 目前记录在案的外国口音综合征有60例。那些患有这种病的人开始莫名其妙地用外国口音说话。

0.0005 迄今发现的最小的细菌大小只有0.0005毫米。细菌是世界上最小的生物。

2 一个人接触流感病毒后,平均2天之后就会发病。

91% 2000—2006年间，非洲感染麻疹的人数下降了91%，这得益于开展了疫苗接种推广活动。

7000 目前已知存在的罕见疾病有7000种。罕见疾病是指每2000人中只有不到1人患病的极低发生率的疾病。

10 000 1滴血中可能含有10 000个白细胞。白细胞可以保护身体免受疾病的侵害。

47 529 2012年，在美国加利福尼亚州的一次疫苗接种活动中，仅8小时就完成了47 529支流感疫苗的接种。

161 喷嚏的传播速度可以达到161千米/时。

3000 一次咳嗽能咳出3000滴口水。

500万 人体体表每平方厘米生活着500万个细菌。

200 你一生中可能会感冒200次。

80% 1520年，著名探险家麦哲伦（Magellan）带领船员穿越太平洋时，有80%的船员死于坏血病。坏血病是因缺乏维生素C导致的，吃水果和蔬菜就可以预防。

42 发烧病人烧到42℃时，身体机能就会开始停止运转。正常人的体温是37℃。

1000万 1983—1998年间，有1000万麻风病患者被治愈。

0 21世纪有0个人感染天花。1979年全世界宣布消灭了天花，这种可怕的疾病在20世纪被彻底消灭了。

100 意大利佛罗伦萨的游客中有100人成了医生和科学家研究"司汤达综合征"症状的研究对象。这种疾病会使人在面对伟大的艺术作品时，头晕、心颤，产生紧张感，有时还会晕厥。

0.5 非洲海岸外的沉积物中发现了一种直径为0.5毫米的细菌。这种细菌尺寸相当大，实际上肉眼就可以看到。

90% 90%的女性在上完厕所后会洗手，但男性的这个比例只有67%。

维京人

9 维京人的神话，即北欧神话中有9个世界。米德加德（中庭）是人类的世界，但也有由诸神、巨人、精灵、矮人、死者和恶魔聚居的世界。

3 有3个国家是维京人的家园，即挪威、瑞典和丹麦。

30 000 维京战士在战斗中穿着一件用30 000个金属环做成的锁子甲来保护自己。

0 维京人的头盔上装着0只角，这个著名的装饰是作家和电影制作人虚构的。

3 3位命运女神，即诺恩（Norn）三女神，转动着生命的丝线，这些丝线决定所有生物的命运。这些北欧神话中的女神被称为兀尔德（Urd，过去）、薇儿丹蒂（Verthandi，现在）、诗蔻蒂（Skuld，未来）。

189 在某些维京人的地盘，杀害别人之后会被处以189头牛的罚金。

1 维京人1周洗1次澡，撒克逊人因此认为他们是洁癖狂。撒克逊人1年才洗1次澡。

19 古挪威国王埃里克（Erik）杀死了自己的19个兄弟，成为兄弟中唯一活下来的那一个，因此他的绰号叫"血斧"埃里克（Erik Bloodaxe）也就不令人意外了。

4 有4个维京人成为英格兰的国王——"八字胡"斯维恩（Sweyn Forkbeard）、克努特（Canute）、"飞毛腿"哈拉尔（Harald Harefoot）和哈迪克努特（Hardicanute）。

150 维京人的大双手斧长150厘米，他们的敌人对此深感恐惧。

120 维京人在战斗中用120厘米高的盾牌构建盾墙，阻止敌人通过。

54 2009年，在英格兰南部的一个坟墓里发现了54名无头维京人尸骨，他们的头颅堆积在一边。

27 丹麦国王"蓝牙"哈拉尔（Harald Bluetooth）（958—985）的统治时间达27年。他在与自己儿子的战斗中被杀。

12 12岁的埃克森（Vagn Akesson）在战斗中击败一名战士后获准加入一个名为"约姆斯维京战士"（维京雇佣兵组织）的组织。通常加入"约姆斯维京战士"的最低年龄为18岁。

30 考古学家发现了30对由松木制成的维京雪橇，同时还发现了用动物骨头制成的滑冰鞋。

24 维京人的字母表由24个字母构成，也就是众所周知的卢恩字母。

20 英国约克的维京博物馆里有一块20厘米长的维京人粪便化石。这是所有博物馆藏品中最大的古代粪便！

60 瑞典盖特林格（Gettlinge）用了60块石头来构建一艘石船的轮廓。这些船只围绕着墓地。

40~60 一艘维京长船可以乘坐40~60个维京人。

200 1066年，一支由200艘船运送的维京军队在英格兰北部参加了斯坦福桥战役。在这场战役中，维京人惨败给撒克逊人，很多维京人战死，最后只有25艘船带着幸存的维京人回到了家。

5 20世纪60年代，在丹麦的一条名为罗斯基勒湾的狭长海域里发现了5艘维京人的船只。现在那里有一个维京博物馆，游客可以在那里看到这些船只。

300 公元892年，300艘维京船组成的侵略军袭击了英格兰西南部韦塞克斯王国的艾尔弗雷德国王（King Alfred）。

500 维京人大约比哥伦布（Christopher Columbus）早500年到达美洲。在哥伦布起航去美洲前，维京人早就已经穿过大西洋到达了这片土地。

25 25艘满载移居者的船只被骗，驶往北大西洋一大片冰冷的土地。公元980年，一个名叫"红发"埃里克（Eric the Red）的维京人将这片土地命名为格陵兰，以鼓励人们迁往那里。

玩具和游戏

3.11亿 2001年，乐高公司为他们的小汽车生产了3.11亿个微型轮胎。

2 世界上每秒售出2个芭比娃娃。

3.5亿 全球已售出3.5亿个魔方（Rubik's Cubes）。如果你把它们一个个叠在一起，它的高度将是珠穆朗玛峰的1937倍。

20 一种名为"神奇8号球"（Magic 8 Ball）的算命玩具可以给出20种不同的答案。问这个算命球一个问题，然后把它翻转过来，答案就会通过一种神秘的蓝色液体，出现在一个透明的小窗口中。

24 一种很原始的"机灵鬼"（Slinky）玩具——一个可以走下楼梯的弹簧，即彩虹圈，是用24米长的线圈制造的。

15 刺猬索尼克（Sonic the Hedgehog）是一款流行的电子游戏中一个蓝色的角色，它的年龄是15岁。它永远不会变老。

100 1978年，日本100日元的硬币曾经一度被用光。因为人们用了太多的100日元硬币来玩一种叫《太空侵略者》的新街机游戏。

16 029 一颗有美国总统尼克松（Richard Nixon）签名的悠悠球在一次拍卖会上拍出了16 029美元。

12 20世纪30年代的女演员穆尔（Colleen Moore）有一个由12个部分组成的奢华的娃娃之家。这个娃娃的房子被称为"童话城堡"，里面有挂着真正的钻石的微型吊灯、迪士尼（Walt Disney）亲自画的画，还有一个带喷水的小海豚雕像的银浴缸。

20 一位名叫加利亚尔迪（Jeff Gagliardi）的艺术家，创作一幅蚀刻素描（Etch-A-Sketch）可能要花20小时。蚀刻素描是用两个控制盘在屏幕上创作简单线条画的玩具。加利亚尔迪用这个玩具重现了从达芬奇到毕加索等世界著名艺术家的作品。

42 四子棋的棋盘格上有42个洞。玩家要选择一种颜色的棋子，轮流把棋子放进棋盘格的洞里，并尽力把4个棋子连成一排。

1008 美国一所高中为慈善举行的大型扭扭乐（Twister）游戏，用的是有1008个圆点图案的垫子。

30 000 世界上每小时有30 000局孩之宝（Scrabble）的拼字游戏开始。

100万 1952年，"薯头先生"（Mr Potato Heads）玩具在它上市的第一年就卖出了100万个。在它推出的前12年，孩子们必须用真正的土豆来创造自己的土豆伙伴。1964年推出了一款塑料土豆小人，这才避免了玩具腐烂的风险。

125 广受欢迎的"芭比娃娃"已经设计了125种职业，包括时装设计师、护士、兽医和航天员。

6.05亿 全世界有6.05亿人会下国际象棋。

67 平均每个地球人拥有67个乐高玩具小人。

6 一款名为"妙探寻凶"（Cluedo）的桌面游戏的原始版本中有6个谋杀嫌疑犯。他们是马斯塔德（Mustard）上校、普拉姆（Plum）教授、格林（Green）牧师、皮科克（Peacock）夫人、斯卡利特（Scarlet）小姐和怀特（White）夫人。

15亿 麦当劳快餐公司每年售出15亿件玩具。这使得它们成为世界上最大的玩具制造商之一。

54 "层层叠"（Jenga）游戏要用到54块木块。这个游戏的目标是每次从塔堆取出一块木块，再把它放到塔堆上面，搭出更高的塔堆。第一个把它打翻的玩家是输家。

25 澳大利亚南部有一匹重达25吨的巨大的摇摆木马。游客可以攀爬这匹巨马，如果能爬到顶部，就可以获得一份证书。

1080 一次漫长的水下大富翁锦标赛持续了1080小时。是的，水下！参赛各队都是潜水员组成的，棋盘也是专门为应对水环境制作的。

210万 一家叫施泰夫（Steiff）的德国公司制作的泰迪熊在一次拍卖会上拍出了210万美元。这只熊穿着著名时装设计师路易·威登（Louis Vuitton）设计的衣服，现在落户在韩国的一个泰迪熊博物馆里。

930 每天有930列模型火车在世界上最大的模型铁路上行驶。这条了不起的微型铁路位于德国汉堡的"微缩景观世界"博物馆。

美食的真相

15 433 15 433颗麦粒才能磨出1千克全麦面粉。

875 000 875 000颗巧克力豆提供的能量足以让你徒步环游世界。

100 000 一盒脆米谷物早餐里有100 000颗脆米花。往脆米花里添加牛奶时，会发出噼啪声，因为温度的突然变化会导致这些膨化过的米粒薄薄的外皮破裂。

130 一份羽衣甘蓝（一种绿叶蔬菜）里含有130毫克维生素C，几乎是一个橙子的维生素C含量的2倍。

50~100 舌头的每个味蕾上都有50~100个味觉感受器。舌头上分别有能感受到甜、苦、酸、辣、咸味的味蕾。

38 刚从奶牛身体里挤出来的牛奶温度是38℃。

8,7 8年零7个月的持续尖叫才能产生足够的声能来加热一杯咖啡。

340 第一台微波炉重340千克。美国电气工程师斯潘塞（Percy LeBaron Spencer）路过雷达电子管时，兜里的巧克力融化了，于是他得到灵感发明了微波炉。

11 每50克肉桂中最多允许含有11根啮齿动物的毛。

8% 一盒脆玉米片里真正的玉米含量只占8%。

20% 一听菠萝罐头有20%的菠萝发霉，这在法律上是容许的。[这不符合中国有关食品法规的要求。——译者注]

4000 全世界有4000种不同的西红柿。

500 500年前，胡萝卜是紫色的。我们今天所熟知和喜爱的橙色胡萝卜，是16世纪荷兰种植者用白色和黄色的突变胡萝卜培育出来的。

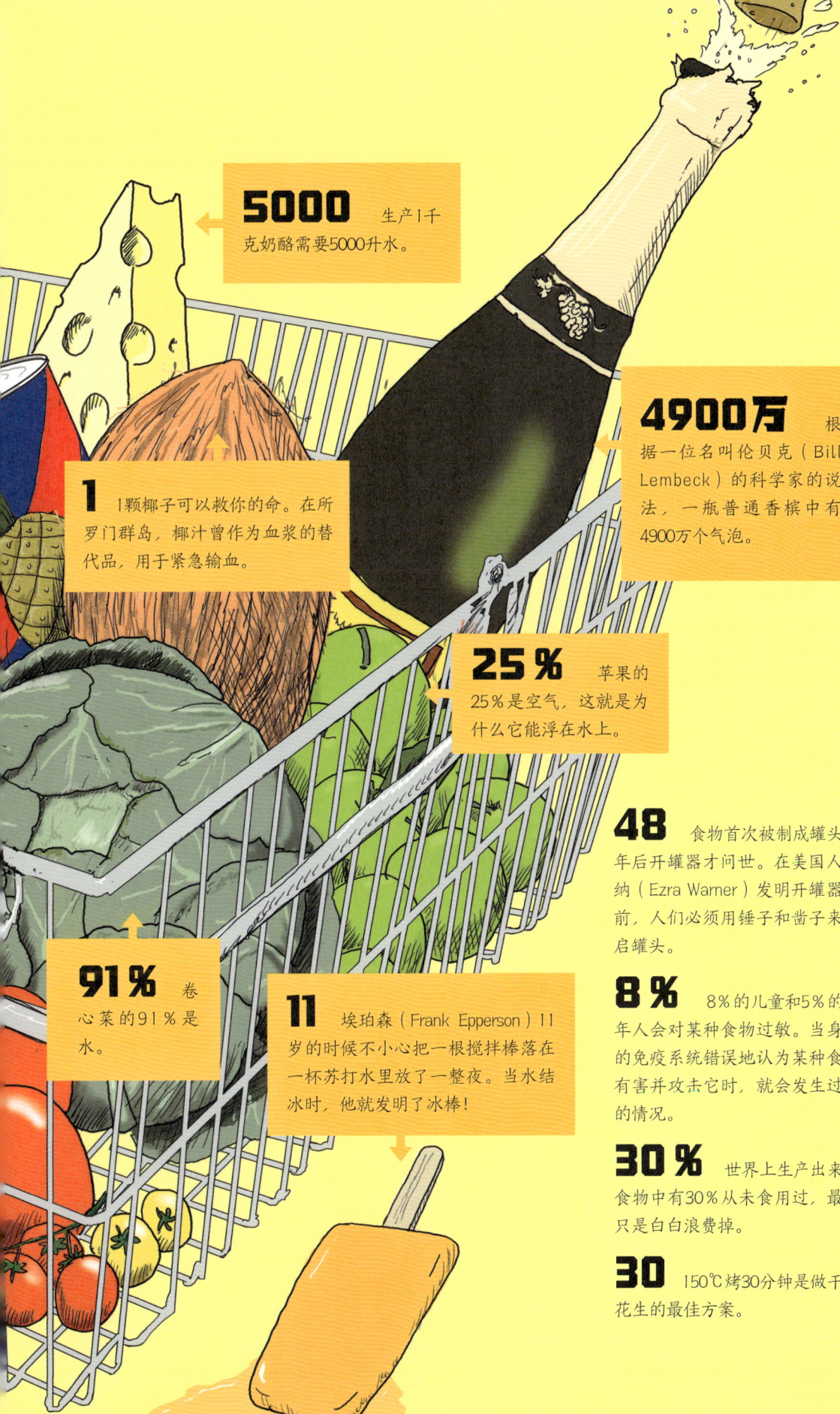

5000 生产1千克奶酪需要5000升水。

4900万 根据一位名叫伦贝克（Bill Lembeck）的科学家的说法，一瓶普通香槟中有4900万个气泡。

1 1颗椰子可以救你的命。在所罗门群岛，椰汁曾作为血浆的替代品，用于紧急输血。

25% 苹果的25%是空气，这就是为什么它能浮在水上。

48 食物首次被制成罐头48年后开罐器才问世。在美国人沃纳（Ezra Warner）发明开罐器之前，人们必须用锤子和凿子来开启罐头。

91% 卷心菜的91%是水。

11 埃珀森（Frank Epperson）11岁的时候不小心把一根搅拌棒落在一杯苏打水里放了一整夜。当水结冰时，他就发明了冰棒！

8% 8%的儿童和5%的成年人会对某种食物过敏。当身体的免疫系统错误地认为某种食物有害并攻击它时，就会发生过敏的情况。

30% 世界上生产出来的食物中有30%从未食用过，最终只是白白浪费掉。

30 150℃烤30分钟是做干烤花生的最佳方案。

历史建筑

138 目前埃及已发现138座金字塔。

50 000 被称为"圆形大剧场"的罗马大型体育场可以容纳50 000名古罗马人在里面观看角斗比赛。

6 伦敦塔里住着6只乌鸦,由一位乌鸦喂养师照料。传说如果乌鸦离弃了伦敦塔,英格兰就会陷落。

2 300 000 建造埃及的吉萨大金字塔用了2 300 000块石头。每块石头的重量都有2~70吨。

109 建造著名的大教堂巴黎圣母院花了109年。

6 公元79年维苏威火山爆发后,6米厚的火山灰覆盖了罗马小镇庞培。庞培城在几个世纪后被重新发现,现在它是世界上最伟大的罗马遗址之一。

20 000 伊斯坦布尔有一座清真寺被称为蓝色清真寺,是因为它的墙壁上贴了20 000块美丽的蓝色瓷砖。

900 公元300年,900个公共浴室遍布整个罗马城。

5000 在丹麦发现的一个墓地有5000年历史,里面有40具尸骨,其中1个人还做过早期的牙科治疗。

56 即使远隔56千米,水手们仍然可以看到从135米高的亚历山大灯塔顶端发出的亮光。亚历山大灯塔建于公元前280年的古埃及,非常壮观,被列为古代世界七大奇迹之一(尽管它现在已经不存在了)。

8000 秦始皇的陵墓前,有8000名被埋葬的战士护卫着。这些被称为兵马俑——真人大小的塑像,可以追溯到公元前3世纪。

118 意大利历史名城威尼斯由118个岛屿、416座桥梁和177条运河构成。

201 924 位于莫斯科戒备森严的克里姆林宫内的沙皇钟重201 924千克。不幸的是，它在制作的过程中被打破了，所以实际上从没敲响过。

400 400个巨大的石雕头像凝视着遥远的复活节小岛。这些头像的平均高度为4米，重量为14吨。为什么创造这些雕像是世界上最大的谜团之一。

150 地中海海底发现了150个古代城镇和港口。

150 000 马克西莫斯马戏团是一个巨大的竞技场，里面可以容纳150 000名观众。古罗马人在这里举行紧张又危险的战车竞速赛。

8850 中国的长城长8850千米，它蜿蜒穿过中国北方大地。

63 埃及一个被称为"帝王谷"的地方发现了63座陵墓，那里埋葬着法老。

3500 印度有一口叫"月亮井"（Chand Baori）的水井，有3500级台阶通往井底。它建于10世纪，井深超过30米，有13层。

150 公元2世纪罗马皇帝图拉真（Emperor Trajan）在罗马建造了世界上第一个购物中心，该购物中心里有150家商店。

2350 马丘比丘古城坐落在秘鲁的高山上，海拔2350米。

4 意大利艺术家米开朗琪罗花了4年时间作画装饰罗马西斯廷教堂的天花板。他最终在1512年完成。

257 建造英格兰"巨石阵"纪念碑所用的巨石有的重达20吨，而这些巨石都是从257千米之外运过来的。没人知道古代的建筑工人是如何把这些巨大的岩石搬运这么远的。

10 000 南美洲秘鲁的石头桥是用10 000个鸡蛋将石头黏合在一起建成的。令人惊讶的是，500年后它仍然屹立不倒——非凡的鸡蛋！

亚洲

49 从北部的俄罗斯到南部的帕马纳岛，亚洲大陆上共有49个国家。

6300 中国的长江长6300千米。它是亚洲最长的河流，也是世界第三长河。

1800 中国的大运河长1800千米，是世界上最长的人工水道。

6540 香港的人口密度是6540人/平方千米，它是地球上人口最密集的地方之一。

136 印度尼西亚科莫多巨蜥体重136千克，是地球上最大的蜥蜴。

1500万 每年有1500万游客前来参观北京紫禁城（故宫），这使其成为世界上最不禁止进入的地方之一。

15 000 喜马拉雅山脉有15 000条冰川。

163 迪拜的摩天大楼哈利法塔的地面部分有163层，它矗立在在阿拉伯沙漠上，高达828米，非常壮观。

-390 死海海拔-390米，是地球陆地上的最低点。

10 死海的含盐量是正常海水的10倍。

7000万 喜马拉雅山脉的年龄是7000万年。这听起来可能有些老，但它实际上是世界上最年轻的山脉。

154 000 印度有154 000个邮局，是世界上邮局最多的国家。

3200 目前全世界有3200只野生老虎，它们全都在亚洲。

45 000 印度勒克瑙市蒙台梭利学校有45 000名学生，该校还有2500多名教师和1000间教室。

8848.86 喜马拉雅山脉的珠穆朗玛峰海拔8848.86米,是世界上最高的山。

1600 世界上有1600只野生大熊猫。它们只在中国有,地球上其他地方都没有。

40% 40%的越南人姓阮。

54 000 婆罗洲生活着54 000只猩猩,苏门答腊岛上则生活着6000只。

6 柬埔寨洞里萨湖在雨季面积会扩大6倍。

2 有2个亚洲国家的人口超过10亿——中国和印度。

660 中国巨大的三峡大坝蓄水形成的水库长660千米。

3 日语有3种书写系统——平假名、片假名和汉字。平假名用于日本本土词汇,片假名用于外来语,而日文汉字是用来代表一个词的中文字符,所以不需要拼写。

1000 宝莱坞是位于孟买的印度电影产业基地,这里每年制作1000部电影。

60 日本分布着60座活火山。

534 1994—2007年间,在婆罗洲的森林中发现了534个新物种。

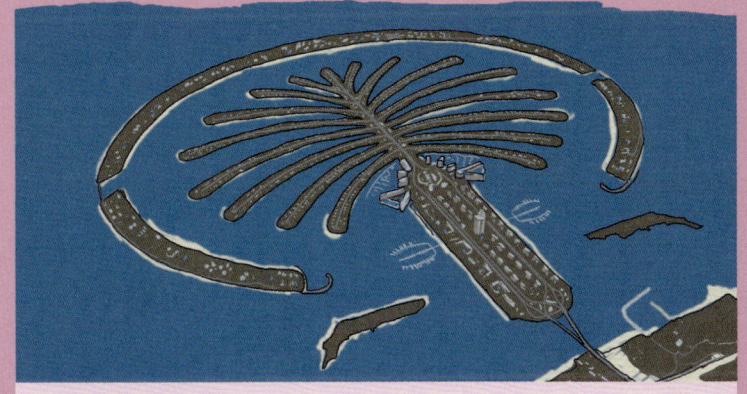

560万 迪拜一个名为朱美拉棕榈岛的人工岛面积有560万平方米。这个令人难以置信的人工岛形似一棵巨大的棕榈树。

令人惊诧的艺术

40 000 最早的艺术作品诞生于40 000年前，是由早期人类在西班牙一个被称为埃尔-卡斯蒂略洞穴的墙壁上创作的。

47 法国画家马蒂斯（Henri Matisse）的一幅名画被倒挂在纽约一家画廊里展出，直到47天后才有人注意到这个错误。

130万 一件罕见的中国明代花瓶在拍卖会上拍出了130万美元。这个花瓶曾被纽约的一户人家用作门挡。

3600万 3600万人参观了名为"人体世界"的巡回展览，展品是经过防腐处理并被摆成各种造型的尸体。

1000 一个名为安迪·布朗（Andy Brown）的英国艺术家用了1000个茶包来制作英国女王伊丽莎白二世的肖像。

600万 每年有600万人观赏收藏在巴黎卢浮宫博物馆的名画《蒙娜丽莎》，人们观看这幅画的平均时间仅有15秒。

4 一位名为阿埃莉塔·安德烈（Aelita Andre）的澳大利亚艺术家4岁的时候就在纽约举办了一场画展，她的其中3幅作品卖出了27 000美元。

1 梵高（Vincent Van Gogh）在世时仅卖出了1幅画。他现在是公认的世界上最好的艺术家之一，但他直到去世后才声名鹊起。

30 一位名为霍夫斯特拉（Henk Hofstra）的艺术家，将几个30米宽的巨大的煎蛋铺在了荷兰吕伐登的某个广场上。

1/3 雕塑家威根（Willard Wigan）的作品，尺寸只有报纸上句号的1/3大小。它们非常小，甚至可以装在大头针的针头上，肉眼都无法看到。

147 800 西班牙著名艺术家毕加索一生创作了147 800件艺术品。

330万 330万块乐高积木被用来搭造一座真实大小的2层楼房子。

1亿 2010年，伦敦泰特现代美术馆的一个巨大展厅里放入了1亿颗彩绘瓷质葵花籽。

12 传统色轮上有12种颜色。它们是3种原色(红、蓝、黄)，3种间色(二次色，把两种原色混合在一起得到的颜色)和6种复色(三次色，原色和二次色混合得到的颜色)。

5 一个名为奎因(Marc Quinn)的艺术家用5升自己的冷冻血液创作了自己头部的雕塑。这个雕塑首次在伦敦的一家美术馆展出。

143，55 墨西哥著名艺术家卡洛(Frida Kahlo)创作的143幅作品中，有55幅是她的自画像。

120 最大盒的绘儿乐蜡笔有120种颜色，里面包括爵士莓果酱、糊涂红和疯狂香蕉这些色调。

208 中国一尊巨大的金色塑像中原大佛高208米。这座巨大的佛像耗资1800万美元建成。

200万 纽约大都会艺术博物馆有200万件永久收藏的艺术品。

6000 一个名叫赫斯特(Damien Hirst)的艺术家为完成他的作品《生者对死者无动于衷》，花了6000英镑请一位澳大利亚渔民去捕捉一条虎鲨。

127 300 德·玛利亚(Walter de Maria)的雕塑作品《纽约地球室》重127 300千克。他把纽约某公寓的整个第二层填满了土，泥土覆盖了335平方米。

25 著名艺术家莫奈(Claude Monet)最著名的系列画作之一是由25幅画组成的。这些画作都以干草垛为特色。它们是在一天中的不同时间所作的画，展示了光线和天气的变化。

海盗

3 海盗在伦敦泰晤士河泥滩上被处以绞刑之后,要等潮水涌上来冲洗他们的尸体3次,他们才能被宣告死亡并被挪走。

500 一名愤怒的地方官悬赏500美元杀死一个名叫拉菲特(Jean Lafitte)的海盗。拉菲特却以三倍赏金杀死地方官作为回应。

12 阿拉伊兹(Morato Arráez)在年仅12岁的时候就加入了一艘海盗船,并成长为历史上最令人畏惧的海盗之一。

2 著名海盗船"复仇"号(The Revenge)上有2个女海盗。她们的名字是邦尼(Anne Bonny)和里德(Mary Read)。

9 将9条打结的绳子绑在一根棍子上,就做成了用来惩罚海盗的可怕的鞭子。这条鞭子的名字是九尾鞭。

8 在著名海盗黑巴特(Black Bart)的船上,船员8点就得就寝。黑巴特的真名是罗伯茨(Bartholomew Roberts)。

900 海盗船上的大炮可以将炮弹射到900米外他们倒霉对手的船上。

4000 一艘西班牙海盗船的船员曾经在一次航行中杀死了4000只老鼠。

400 海盗黑巴特在其职业生涯中俘获了400艘船。他常被称为有史以来最成功的海盗。

13 600 1717年，贝拉米（Sam Bellamy）俘获商船"怀达"号（The Whydah）后得到了13 600千克银子的战利品。不幸的是，船沉了，那些银子直到267年后才被打捞出来。

80 000 一个名叫郑石氏的中国清代女海盗有80 000个海盗手下。

12 000 海盗威廉斯（Cornelius Wilhelms）于1839年在纽约被执行绞刑，有12 000人前来观看行刑。

15 "'亡灵宝藏'岛上有15个人"，"哟嚯嚯"，以及"一瓶朗姆酒"是一首著名的水手歌中的歌词。据说指的是海盗船长黑胡子（Blackbeard）将背叛他的船员抛弃在了"亡灵宝藏"岛上。当他回来的时候，岛上只剩15个人还活着。

36 一个名叫摩根（Henry Morgan）的海盗率领36艘海盗船及其船员突袭抢劫了中美洲的巴拿马。他在这场袭击之后因海盗罪而受审，但英格兰国王查理二世却封他为爵士，并给了他一份新工作——追捕海盗！

20 "黑胡子"最终被英国皇家海军打败时，身上受了20处剑伤。在最后凶猛的打斗中他又受了5处枪伤。

148 1722年有148名海盗被处以绞刑。

6500 牙买加的海盗镇罗亚尔港生活着6500人。小镇在1692年遭受了地震，当时3000人死亡。

2 臭名昭著的海盗船长基德（Captain Kidd）经过2次行刑才被绞死，因为第一次行刑时绳子突然断了。

40 "黑胡子"的船——"安妮女王的复仇"号（The Queen Anne's Revenge）上装着40门大炮，这使其成为海上最强大的船只之一。

71 典型的短弯刀刀锋长71厘米。

42 一个名叫拉布什（La Bouche）的海盗劫持了一艘载有果阿大主教（Bishop of Goa）的财宝的船，之后每位船员都分到了42颗钻石。

1 1条腿的海盗很常见，因为治疗受感染的肢体以及在航行或战斗中受伤部位的最佳方法就是切掉身体上有问题的部分。

111

酷酷的洞穴

2000万 美国得克萨斯州的布拉肯蝙蝠洞里生活着2000万只蝙蝠。每天晚上，它们像乌云一样从洞穴里成群成群地飞出，所有蝙蝠飞出来要花3小时。

85～100 布拉肯蝙蝠洞（Bracken Bat Cave）每年会沉积85～100吨蝙蝠粪，人们把它收集起来后作为农作物和植物的肥料出售。

1 世界上最大的穴居蝙蝠——布尔默果蝠的翼展长达1米。人们原以为它已经灭绝了，直到在巴布亚新几内亚一个偏远的洞穴里又发现了几只。

44 墨西哥水晶洞内的气温达44℃，非常闷热。这个洞穴是世界上最热的洞。

50 000 据估计，地球上现有50 000种穴居动物。穴居动物是一种终生生活在洞穴里，不会冒险出去的动物。

150 委内瑞拉的科斯特（Carlos Coste）潜水通过一个墨西哥洞穴时穿行了150米。洞穴位于水下，科斯特在没有任何呼吸装置的情况下游了过去。

560 美国肯塔基州的猛犸洞目前已被探索的部分有560千米，据估计仍有966千米有待勘探。

8000 缅甸宾德亚石窟中有8000幅佛像，真是令人惊叹。

186 中国贵州的洞中学校有186名学生。学校之所以叫这个名字，是因为它在2011年之前都被安置在东中洞穴里。

24 000 第一次世界大战期间，有24 000名士兵被安置在法国阿拉斯城的地下洞穴里。这支军队在洞穴里修建了一所医院、一个食堂，甚至还修建了一条铁路。

427 如果你从墨西哥燕子洞的洞口掉下去，你将会垂直下落427米。

8 马来西亚的沙捞越洞窟可以轻易塞进8架大型喷气式飞机。这个洞窟长700米，宽400米，高100米。

2196 一支洞穴探险队在格鲁吉亚的库鲁伯亚拉探索世界上最深的洞穴时，到达了海平面以下2196米的深度。

6646 登山者在巴基斯坦的拉希奥特峰（Rakhiot Peak）海拔6646米处发现了一个洞穴。它是世界上最高的洞穴。

8.2 黎巴嫩杰达溶洞顶部的钟乳石长8.2米。钟乳石是一种悬挂在洞穴顶部的冰柱状矿物。

60 古巴马丁地狱洞（Martin Inferno Cave）里有一根巨大的石笋（一种生长在洞穴地面上的矿物），高60米，和意大利比萨斜塔差不多高。

69 一位澳大利亚科学家从一个洞穴里的化石群中鉴定出了69种动物，当时他滑入一个坑洞，无意中发现了一个未知的洞穴。这些化石包括鸟类、爬行动物、狮子和袋鼠。

73 瑞士精灵洞（La Grotte aux Fees）中的地下瀑布落差有73米。

2000 法国拉斯科洞穴里有2000幅令人惊叹的洞穴岩画。这些有20000年历史的画作中包含364匹马和90只雄鹿。

8.2 菲律宾普林塞萨港的地下河长8.2千米，它从地下穿过洞穴流入大海。

603 斯洛文尼亚的费尔托格拉维察洞（Vrtoglavica Cave）内某个垂直峭壁高603米，几乎是巴黎埃菲尔铁塔的两倍高。

272 马来西亚黑风洞（Batu caves）的入口前有272级台阶。游客拾级而上时经常有猴子陪伴左右。

30 土耳其卡帕多细亚地区散布着30个洞穴小镇。那里的岩石非常柔软，几千年前的人们在地下挖出了自己的住房。今天有些洞穴屋仍然有人居住，甚至还有一些洞穴旅馆。

35 一个叫若叙亚特（Jean-Luc Josuat）的法国人在洞穴里转错弯后迷失了35天。他生活在完全黑暗的地方，靠木头和黏土充饥，最终他被3名在洞穴探险的青少年救了出来。

319 墨西哥埃尔萨卡通（El Zacaton）地下319米的落水洞里有个湖床。直到2007年，地质学家才发现了这个深不可测的著名湖床。

67 美国大山洞(Grand Cavern)洞穴汽车旅馆的房间位于地下67米。旅馆里有床、沙发、桌子、椅子、浴室，以及所有你能想到的酒店设施。

自然灾害

1170 岩浆从火山口喷出时，温度高达1170℃，这个温度足以熔化大多数金属。

65 000 1927年密西西比河洪水的水流量为65 000立方米/秒（相当于26个奥运会标准游泳池的水量）。

12 700 1966年，飓风"费丝"（Faith）在非洲海岸外形成，然后横扫大西洋，整个路径掠过了12 700千米。

5 萨菲尔-辛普森等级表（Saffir-Simpson scale）根据风速衡量飓风等级，它把飓风分成了5种类别。其中第5种是最险恶的，风速超过250千米/时。

130 000 1887年黄河决堤的时候，中国有130 000平方千米的土地被洪水淹没。这个面积几乎相当于希腊的国土面积。

800 海啸在开阔海域推进的速度能达到800千米/时。

1550 1815年印度尼西亚的坦博拉火山爆发后高度降低了1550米。它在喷发前大约有4300米高，但喷发后只剩下2851米。

398 2006年，19岁的苏特（Matt Suter）被龙卷风吹到了398米外。他幸运生还并讲述了这段经历。

200万 1939年，澳大利亚维多利亚州200万公顷土地毁于一场毁灭性的山林大火。受灾面积大约是丹麦国土面积的一半。这场大火被称为"黑色星期五大火"。

750亿 据信，2005年毁灭性的卡特里娜（Katrina）飓风造成了750亿美元的损失。

5 世界气象组织在给飓风命名时，有5个英文字母是不使用的，因为它们提供的名字数量有限。它们是Q、U、X、Y、Z。

14 2004年12月26日，印度洋地震引发的强烈海啸影响了14个国家。超过200 000人在这场灾难中丧生。

2.5亿 美国华盛顿圣海伦斯火山喷发引起山体滑坡，滚落的岩石需要2.5亿辆次自卸卡车才能运走。

130 雪崩开始的5秒内，大量的雪夹杂着冰，其速度可以达到130千米/时。

90% 世界上90%的地震都发生在环太平洋边缘的地带，这一地带被称为"环太平洋火山带"。

830 000 据信，1556年发生在中国山西的强烈地震造成了830 000人死亡。人们认为这是有史以来最具破坏性的地震。

32 1912年，美国阿拉斯加州的诺瓦鲁普塔火山（Novarupta）喷发，火山灰的喷发高度达32千米，进入了大气平流层，是飞机飞行高度的两倍多。

4800 1883年，印度尼西亚喀拉喀托火山（Krakatoa）喷发，4800千米之外的人们都可以听到火山喷发的声音。据说这是历史上最响的声音。

148 1974年4月3日和4日，148起龙卷风肆虐了美国13个州。这次龙卷风的超级爆发造成330人死亡。

2 1902年，培雷火山爆发，造成超过20 000人死亡。加勒比海马提尼克岛上圣皮埃尔镇的居民中只有2人幸存下来，其中一个是囚犯，他被关押在一间有着厚厚石墙的牢房里。

93% 93%被雪崩掩埋的人，如果能在15分钟内将他们挖出来，他们就有机会活下来。

4 1982年，英国航空公司一架波音747客机在飞往澳大利亚途中，机上4台引擎因为火山灰堵塞而全部停止工作。机长穆迪（Eric Moody）沉着冷静，在引擎重新启动前，让飞机在没有动力的情况下滑行了15分钟。

20% 每年发生的500 000次地震中，人类能够感觉到的只有20%。每年会造成损害的地震只有100次左右。

1500 2012年，巨大的飓风"桑迪"（Sandy）的直径达1500千米。

50 1943年，帕里库廷火山锥从墨西哥的一片玉米地里诞生，并在仅仅24小时之内就长到了50米高。随着火山持续喷发，它的高度在一周内翻了1倍。当它9年后结束喷发时，它的高度已经达到了424米。

0—5 日裔美籍气象学家藤田根据龙卷风造成的破坏程度对其进行分级，用0—5级来衡量龙卷风的强度。一场F5级的龙卷风可以将建筑物从地基连根拔起，将汽车和卡车抛向空中。

200万 美国每年被山林大火烧毁的面积大致有200万个足球场大小。

1717 2004年，美国发生了1717起龙卷风，创下历史新高。

超级体育

270 2012年伦敦奥运会和残奥会期间，运动员共吃掉了270万根香蕉。

6 现代奥运会的金牌只含有6克黄金，其余部分主要由银和少量铜构成。

10 体操平衡木的宽度是10厘米。体操运动员要做巨大的跳跃和空翻，但必须安全地落在非常窄的横梁上。

183 2010年的温布尔登网球锦标赛上，伊斯内尔（John Isner）和马于（Nicolas Mahut）的比赛共打了183局。最终伊斯内尔赢得了这场持续了11小时多的比赛。

49 世界背老婆锦标赛中，老公要背着老婆越过一系列障碍，而老婆的最低体重要求是49千克。

1.067 男子110米跨栏田径赛的栏高1.067米。而在女子100米跨栏比赛中，栏高度是0.838米。

2 2009年，沙特阿拉伯21岁的足球运动员阿比德（Nawaf Al Abed）在开球后仅用时2秒就攻入一球。

7.260 铅球比赛中，运动员投掷的铅球重7.260千克，大概有两块砖那么重。

22 一局斯诺克比赛开始前，台球桌上会放22颗球——15颗红球、6颗彩球和1颗白色的主球。

105.4 如果绕着400米跑道完成马拉松比赛，需要跑105.4圈。

10 2007年，罗塞努瓦尔（Leroy Rosenoir）仅做了10分钟托基联（Torquay United）足球俱乐部经理就被解雇了。有人买下了那个足球俱乐部，并请了一位新经理。

31 2001年的国际足联（FIFA）世界杯预选赛中，澳大利亚队打进了31球，轻松击败美属萨摩亚。澳大利亚队的汤普森（Archie Thompson）一人就打进了13个球。

149 2002年，在马达加斯加的奥林匹克体育场内，勒米尔内队（L'Emyrne）在对战AS阿德玛队的足球赛中，打进了149个乌龙球[勒米尔内队为了抗议裁判，故意打进了149个乌龙球。——译者注]。

13 1997年,在一场职业拳击比赛中,桑德尔(Jimmy Thunder)仅用时13秒就击倒了格里姆斯利(Crawford Grimsley)。其中有10秒是裁判为格里姆斯利出局计数所花的时间。

110 在最快的时间内游过110米的泥沼地,你就能获得世界沼泽浮潜冠军。

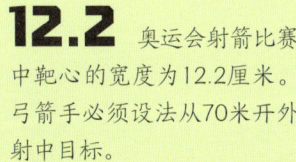

12.2 奥运会射箭比赛中靶心的宽度为12.2厘米。弓箭手必须设法从70米开外射中目标。

0.4 足球比赛中,射进一个漂亮的点球只需要0.4秒。

320 顶尖羽毛球运动员击打羽毛球的速度能达到320千米/时,比高速铁路还快。

5420 韦尔(David Weir)赢得2012年残奥会男子马拉松比赛用时5420秒,他的平均速度超过28千米/时。

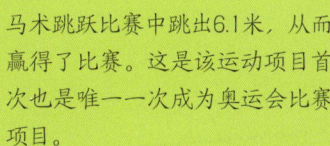

2.7 一个乒乓球重2.7克。顶尖运动员能以80千米/时以上的速度扣球。

54 250 在英格兰温布尔登举行的为期两周的著名网球锦标赛,要使用54 250个网球。在一场网球比赛中,前7局打完之后会换球,之后每9局换一次。

6.1 范朗恩东克(Constant van Langendonck)和他的马"特干"(Extra-Dry)在1900年奥运会马术跳跃比赛中跳出6.1米,从而赢得了比赛。这是该运动项目首次也是唯一一次成为奥运会比赛项目。

700 1912年的奥运会上,有一场摔跤比赛耗时700分钟。获胜者克莱因(Martin Klein)进入了决赛,但他由于太过疲惫而无法比赛,所以只获得一枚银牌。

6 在25米长的游泳池底部进行的水下曲棍球(Octopush)比赛中,每队有6名队员参赛。球员们使用球棍在游泳池的地板上推送冰球,把球打进对方的球门里得分。

375万 填满一个长50米的奥运会标准游泳池最少需要375万升水(约46875浴缸的水)。

15 2006年,罗马尼亚一家名为雷加尔·霍尔尼亚(Regal Hornia)的足球俱乐部收购了一名叫乔亚拉(Marius Cioara)的足球运动员,它所支付的转会费是15千克猪肉香肠。这太非比寻常了。

太空旅行

120 航天飞机发射升空120秒后,就已经离地大约45千米了。

135 1981—2011年间,美国国家航空航天局的航天飞机机队执行了135次太空飞行任务。

8.2672亿 美国国家航空航天局的航天飞机机队的总飞行距离达8.2672亿千米,相当于地球到木星的距离。

13 000 有13 000人申请成为英国第一位航天员。获胜者是沙曼(Helen Sharman),一位27岁的英国化学家。在经过18个月的训练后,沙曼于1991年乘坐俄罗斯联盟号(Soyuz)宇宙飞船进入了太空。

569 哈勃太空望远镜的运行轨道距离地球表面596千米。它于1990年发射入轨。

400 171 人类迄今为止最远旅行到距地球400 171千米。1970年,阿波罗13号宇宙飞船的航天员到达了这个距离。

536 2001年,美国航天员赫尔姆斯和沃斯在宇宙飞船外进行了536分钟的太空行走。

3941 土星五号火箭在发射过程中,每秒消耗3941千克燃料。

184亿 旅行者1号(Voyager 1)太空探测器现在离地球184亿千米。它于1977年发射升空,到2012年底,它离地球的距离比地球到太阳的平均距离远123倍。

3630 为满足3名航天员为期6个月的国际空间站(ISS)之旅的需求,3630千克的食物被带入太空。

162 为了建造和维护国际空间站(ISS),航天员进行了162次太空行走(航天员在飞船外进行的行程)。

1400万 蒂托(Dennis Tito)为了成为首位太空游客,花费了1400万英镑。2001年,作为俄罗斯某个太空任务的一部分,蒂托在国际空间站上度过了8天。

424 航天飞机的计算机全部内存只有424千字节,比现代手机的内存少了几千倍。

65 000 旅行者1号太空探测器由65 000个零件构成。它于1977年发射升空,目前几乎所有的零件都还在工作。

108 世界上第一位进入太空的航天员加加林（Yuri Gagarin）在太空中度过了108分钟。他于1961年乘坐东方1号（Vostok 1）宇宙飞船进入太空。

18 巨大的土星五号火箭比自由女神像还要高18米。这种火箭是用来发射阿波罗登月飞船的。

36 1962年，约翰·格伦（John Glenn）首次进行了太空飞行，36年后的1998年，他再次参加了航天飞机的飞行任务，时年77岁的他成为最年长的航天员。

35亿 卡西尼号（Cassini）太空探测器到达土星时飞行了35亿千米。这比地球到太阳的距离多20多倍。

6 国际空间站上的航天员6点就被从地球发出的闹钟信号叫醒。航天员的一天开始得好早！

23 1988年，和平号空间站上的一场美食盛宴有23道菜，其中包括炖鸽子和鸭子配洋蓟。

120 哈勃太空望远镜每周将120千兆字节的科学数据传回地球——这相当于1000多米长的书架上摆放的书产生的字节。

91.5 航天员在太空行走时穿的内衣里盘绕着91.5米长的冷却水管道。

19 000 有19000片太空垃圾环绕着地球运行，其中包括航天员丢失的一只手套、螺母和螺栓，以及已毁坏的卫星的碎片。

12 1926年，世界上第一枚液体燃料火箭发射后高度达到12米。

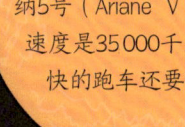

35 000 1999年发射的第一枚阿里亚纳5号（Ariane V）火箭的最高速度是35 000千米/时，比最快的跑车还要快100倍。

803 航天员在太空中度过的最长时间是803天。克里卡列夫（Sergei Krikalev）愉快地执行了2次和平号空间站任务、2次航天飞机任务和1次国际空间站之旅。

400 一枚装载完毕的土星五号火箭的重量相当于400头成年非洲象——总计约280万千克。

有趣的节日

12 基督徒庆祝圣诞节要庆祝12天。12月25日是圣诞节的第一天，1月6日是第12天。

1亿 印度教的大壶节会吸引1亿人前来参加。大壶节每12年举行一次，为期55天，地点在印度恒河岸边的安拉阿巴德。

1 斋月期间，穆斯林在1个月之内，每天从日出到日落会进行斋戒。紧随斋月之后的是开斋节——快节奏的盛宴。

200 000 纽约一年一度的圣帕特里克节有200 000人参加游行。

300 有300支乐队参加巴西里约著名的狂欢节游行。

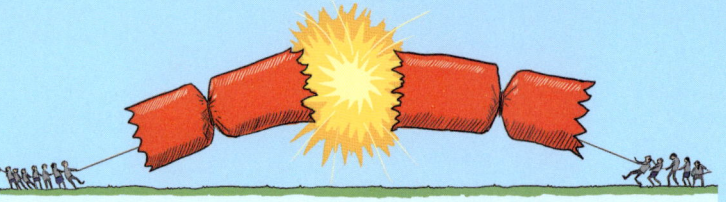

63.1 2001年，英国一所学校的孩子们拉响了一个63.1米长的巨大的圣诞拉炮。

500 000 美国新奥尔良每年的斋前狂欢节期间会售出500 000个"国王蛋糕"。每个蛋糕里都有一个小娃娃，发现它的人就被宣布为国王。他们必须为此再买一个蛋糕或举行一个聚会。

8 犹太教节日"光明节"会持续8天。犹太人在烛台上插上9根蜡烛——中间的蜡烛被称为"沙玛什"，用来点亮其他蜡烛，每天点亮烛台上的一根新蜡烛，直到将9根蜡烛全部点亮。

7000 澳大利亚布里斯班一年一度的蟑螂赛跑有7000名蟑螂爱好者参加。

50 000 印度一年一度的骆驼博览会有50 000只骆驼参加。为了此次盛会，骆驼的主人们会将它们装饰得非常漂亮。

1 美国每年的感恩节大餐要吃掉数百万只火鸡，其中有1只火鸡会非常幸运。每年美国国家火鸡联合会都会赠送总统一只活火鸡，而总统会赦免它。之后，这只火鸡将在农场里舒适地度过余生。

1000 在苏格兰设得兰群岛举行的名为"圣火节"的维京人的节日期间，有1000名火炬手游行穿过小镇。在游行结束时，火炬会被扔进一艘维京长船上，民众则聚集起来观看船只被烧掉。

8000 1789年7月14日，法国大革命刚开始的时候，8000名暴徒攻占了巴黎的巴士底监狱。7月14日现被称为巴士底日，是法国的公共假日和庆祝日。

100万 印度艾哈迈达巴德风筝节期间，有100万只风筝飞上天空。

12 中国的农历年用12种动物代表一个周期（即12生肖）。每个中国新年用下列一种生肖表示：鼠、牛、虎、兔、龙、蛇、马、羊、猴、鸡、狗、猪。

4 泰国的新年庆祝活动——宋干节（泼水节）会持续4天。这个节日的传统是用水泼人，这也是世界上最大的打水仗活动之一。

200万 200万人参加了韩国最受欢迎的活动——保宁泥浆节。参与者有许多活动项目可以选择，比如泥浆滑梯、泥浆滑雪、泥浆马拉松，或者，如果他们愿意的话，也可以开心地在泥浆中打滚。

100万 每年在加拿大举行的为期10天的卡尔加里牛仔节都有100万人参加。这是世界上最大的牛仔竞技表演。

120 中国哈尔滨冰雪节的一些冰雕可能会有120米长、48米高。超过1300万人前往参观这些冰冷的艺术品。

29 381 2012年，在美国新罕布什尔州基恩南瓜节上，有29 381只南瓜，即我们所称的"杰克灯"被点亮。这些雕刻过的南瓜叠放在一起形成了一个塔，灯光闪烁，非常壮观。

700 在美国阿尔伯克基举行的世界最大的热气球节上，700个热气球腾空而起，布满天空。

30 000 吉野山上布满了30 000棵樱花树。这里是观赏日本樱花节的最佳地点之一。当这些美丽的樱花树开花时，日本的家庭会阖家在树下聚会庆祝。

2 有2个男人——拿破仑和墨索里尼曾试图禁止威尼斯狂欢节，但它仍在继续。每年2月，城里到处都是穿着漂亮、戴着面具的人。

77 282 2012年，科威特为庆祝建国50周年，燃放了77 282支烟花。

20 000 每年夏至（一年中白天最长的一天），有20 000人聚集在英格兰巨石阵古代遗址观看日出。

2000 2000只猴子参加了泰国的"猴子自助餐节"。当地人为生活在三塔寺的猴子们准备了一顿大餐。

5 中国农历五月的第5天，是中国的端午节。赛龙舟是庆祝活动之一，龙舟最长可达30米，有80名桨手。

数字

8 在中国，8被视为最幸运的数字。有些人甚至愿意多付钱以获得包含数字8的电话号码。

4 4在远东是个不吉利的数字。这个数字的发音在日语中与"死"非常相似。中国、日本和韩国都认为4是不吉利的。

0 0作为一个数字，在很长时间内都不存在。大约在公元900年左右，0才作为我们今天所了解的数字出现在印度。

0.01 0.01秒实际上是一个时间单位，我们称之为瞬间。

7 一个骰子相对的两面点数加起来等于7。

13 西方世界很多人认为13是不吉利的，甚至有人给这种恐惧心理起了个名字——"十三恐惧症"。

666 666在西方文化中是不吉利的，因为在基督教《圣经》中它与撒旦有关。然而在亚洲，因为有"六六大顺"的说法，所以人们认为666是吉利数字。

1 1古戈尔普勒克斯（googolplex）就是1乘以10的100次方。这是一个非常巨大的数字，以至于不可能写下来——整个宇宙都没有足够的空间来容纳它。

∞ ∞这个符号代表无穷。无穷指的是没有极限，是一个永无止境的数字。

12 345 678 987 654 321 111 111 111 × 111 111 111 等于12 345 678 987 654 321。这个数字的顺序是从1到9再回到1。

31 688 每天每时每刻持续不停地数，从1数到1万亿需要31 688年。